素養導向之國小數學領域教材教法

幾何、代數思維與統計

陳嘉皇　主編

林素微　許慧玉　陳嘉皇
　　　　　　　　　　　　　著
張淑怡　鄭英豪　謝闓如

五南圖書出版公司 印行

目　錄

圖表目錄

第一章

空間與形狀

謝闓如　許慧玉　鄭英豪　張淑怡

　　九年一貫數學學習領域課程綱要的架構是由五大主題能力指標「數與量」、「幾何」、「代數」、「統計與機率」和「連結」（教育部，2007）。而十二年課程綱要則是以「數與量」、「空間與形狀」、「座標幾何」、「關係」、代數」、「函數」、「資料與不確定性」作為學習重點類別。學習重點類別的轉變，除了因應國際研究及評量趨勢（例如：PISA 之數學內容類別，OECD，2018）外，也考量高中與國中小數學課程內容的不同之處（例如：座標幾何為高中數學課程內容）。九年一貫課程綱要與十二年課程綱要的重要差別之一，是從「能力發展」的觀點轉化為「學習表現」與「學習內容」的觀點。九年一貫課程綱要強調每一個學習領域均要發展十大能力的目標（如：獨立思考與解決問題），數學課程綱要明訂各學習階段的能力指標。能力指標的設定是參考實施行之有年且有穩定基礎的傳統教材、國際間數學課程重視的核心素材，並考據學科作為科學工具性的特質以及現有學生能夠有效學習數學的一般能力等原則進行課程綱要的訂定。

　　十二年國民教育課程綱要強調以人為本的全人教育，重視培養有能力、有意願進行終身學習的學習者，能解決生活情境中所遇到的問題，並因應社會與時代變遷而不斷自我精進。因此核心素養成為十二年國民教育課程綱要中領域課程發展垂直連貫與水平統整的核心，並具體轉化為領域的「學習表現」與「學習內容」（教育部，2018）。十二年國教數學領域課程架構在國中小期間，將學習區分四個學習階段，其中一、二年級為第一學習階段，三、四年級為第二學習階段，五、六年級為第三學習階段，七、八、九年級為第四學習階段，每個階段、每週節數為四堂課。依據數學領域綱要的內容作為學習的類別，將各教育階段的學習表現與學習內容格式一致。現階段中小學數學領域課程架構，如表 1-1 所示。

⚡ 表 1-1　十二年國教數學領域課程架構

學習階段	階段學習重點	備註
第一學習階段	能初步掌握數、量、形的概念，其重點在自然數及其運算、長度與簡單圖形的認識。	彈性學習課程可規劃數學奠基與探索活動。讓學生探索、討論，培養對數學的喜好，奠立單元學習的先備基礎，進行有意義的學習。
第二學習階段	在數方面，能確實掌握自然數的四則與混合運算，培養流暢的數字感，並初步學習分數與小數的概念。在量方面，以長度為基礎，學習量的常用單位及其計算。在幾何方面，發展以角、邊要素認識幾何圖形的能力，並能以操作認識幾何圖形的性質。	
第三學習階段	確實掌握分數與小數的四則計算。能以常用的數量關係，解決日常生活的問題。能認識簡單平面與立體形體的幾何性質，並理解其面積與體積的計算。能製作簡單的統計圖表。	
第四學習階段	在數方面，能認識負數與根式的概念與計算，並理解坐標表示的意義。在代數方面，要熟悉代數式的運算、解方程式及簡單的函數。在平面幾何方面，各年級分別學習直觀幾何（直觀、辨識與描述）、測量幾何、推理幾何；空間幾何略晚學習。能理解統計與機率的意義，並認識基本的統計方法。	

第一節　國小空間與形狀課程及相關理論敘述

　　本節將國小階段空間與形狀之相關論述分為國小階段數學課程綱要及幾何課程簡述、從 PISA 觀點看幾何素養的意涵、幾何認知發展理論── van Hiele theory、幾何圖形的認知歷程與幾何的認知複雜性等五部分加以說明。

一 國小階段數學課程綱要及幾何課程簡述

十二年國民教育在中小學學習四階段學的幾何學習的重點，分別為：第一學習階段強調掌握形的概念，重點放在長度和簡單圖形的認識。第二學習階段重點在發展以角、邊要素認識幾何圖形的能力，並能以操作認識幾何圖形的性質。第三學習階段強調認識簡單平面與立體形體的幾何性質，並理解其面積和體積的計算。第四學習階段則是區分平面幾何和空間幾何。平面幾何方面，學習重點強調直觀幾何（直觀、辨識與描述）、測量幾何、推理幾何。空間幾何課程安排則略晚於平面幾何。換言之，國中小幾何課程從巨觀（例如：形體的認識）逐漸進展到微觀（例如：幾何性質的認識與推導）。

十二年國教課程綱要也強調數學素養的培養。課程綱要特別就核心素養與學習重點做一清楚對應說明。如數學領域學習重點，學習表現課程綱要 s-II-4 為「在活動中，認識幾何概念的應用，如旋轉角、展開圖與空間形體」。學習內容 S-3-4 為「幾何形體之操作：以操作活動為主。平面圖形的分割和重組。初步體驗展開圖如何黏合成立體形體。知道不同之展開圖可能黏合成同一形狀之立體形體。」而對照此學習表現和學習內容的數學領域核心素養為「數-E-B3 具備感受藝術作品中的數學形體或式樣的素養。」課程綱要附註說明則強調教學可結合日常生活常用到的立體形體或藝術作品，讓學生藉由操作、討論，從中培養數學素養。

這樣的素養定義傾向於應用層面，也就是將幾何學習的成果應用在日常生活當中，且能從幾何觀點來欣賞日常生活中的藝術作品。但 108 課程綱要並沒有清楚定義幾何素養本身的意涵以及課程教學如何提升未來學習及公民所需的幾何能力。

▉▉ 從 PISA 觀點看幾何素養的意涵

　　為了了解幾何主軸中應培養的核心能力及其對數學素養發展的關係，我們嘗試從 PISA 觀點來進行論述。PISA 定義數學素養爲：(1) 青少年能識別及理解數學在現存世界中扮演的角色爲何；(2) 青少年能提出關鍵的數學論述，並能使用數學來面對現在和未來的挑戰，以成爲一位具備建設性和反思能力的社會公民（OECD, 2004, 2010, 2018）。此外，PISA 將數學素養評量情境區分個人生活相關、教育和職業相關、社會相關及科學相關等四類，而數學內容則是分爲量（quantity）、改變與關係（change 與 relationship）、空間與形狀（space 與 shapes），以及不確定性（uncertainty）四個範疇。其中，PISA 將空間與形狀定義爲所有不同的平面和空間結構、圖形和規律。

　　de Lange（2006）接續 PISA 的評量觀點，進一步提出數學素養與四個內容範疇關聯性的結構圖（如圖 1-1），透過此結構圖可協助說明幾何在數學素養培育上扮演的角色。de Lange 將四個數學範疇與數學素養的關係結構成樹狀圖。樹狀圖下層是 PISA 提出的四個內容範疇，而在四個內容範疇與數學素養之間，有另外三個重要的能力橋接，分別是空間素養（spatial literacy）、數素養（numeracy）及計量素養（quantitative literacy）。數素養是歐洲數學教育提出數感和基本運算能力的主張（Barmby, Harries, & Higgins, 2010），而計量素養則是強調量化關係之間的推理能力（Thompson, 1993）。其中，與幾何相關的關鍵能力就是空間素養（spatial literacy）。根據 de Lange，空間素養是用來理解現實生活的 3D 立體世界。此理解包括對幾何物件性質的了解，物件的相對關係，視知覺訊息的處理，以及 2D 和 3D 路徑之間的溝通推導練習。de Lange 認爲公民應具備含括上述的各種不同數學知識，並能具備深入的見解來解決多面向、複雜的情境問題。

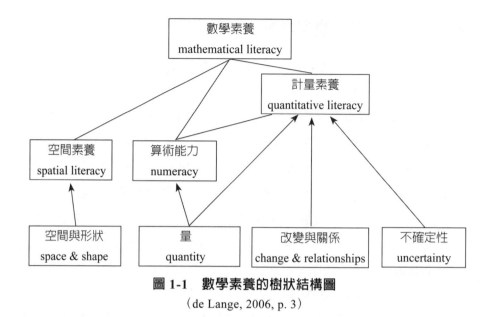

圖 1-1　數學素養的樹狀結構圖
（de Lange, 2006, p. 3）

　　依據上述 PISA 的定義和 de Lange 的論述，數學素養不等同於簡化為特定的數學知識、事實、程序的教學。數學素養強調從問題出發，這些問題大多存在現實情境脈絡當中。為了解決這些問題，學生必須具備從現實情境脈絡轉換成數學問題的能力，並進行一系列連貫性、多面向的探究與整合。學生也必須要具備能力去提問、形成數學內與數學外之間的問題，在現實世界與數學世界來回轉換，形成實際解決問題的方案。

三 幾何認知發展理論── van Hiele theory

　　van Hiele 所提出的幾何認知發展層次理論，是最為廣為人知的幾何課程、教學、與學生認知的理論架構，此理論影響台灣國民教育幾何課程設計甚巨。van Hiele 的理論強調具體認知發展到抽象的認知變化歷程。幾何發展前期以格式塔視覺感官為主，逐漸在描述、分析、抽象和證明思維精緻化。van Hiele 區分出五個認知發展的層次，進展到下一個認知層次的前提是必須具備前一個層次的認知能力。van Hiele 也強調教學活動

設計應要考量學生的認知發展層次，選取適合的教材設計和安排適合的教學活動，以鷹架學生往高一層次的認知層次前進（Clements & Battista, 1992; Fuys, Geddes, & Tischler, 1988）。

（一）第零層次：視覺期（Visualization）

視覺期強調學生根據物件的外觀來確認、命名、比較和操作幾何圖形（如：三角形、角度、截線或平行線）。視覺期的推論依據是感覺的知覺。在這個時期，學生只是感知到空間是存在的某個東西。幾何概念被視為是存在的實體而非性質或特徵。這個階段的另外一個重要的學習特點是學生具備複製幾何圖形的能力。

（二）第一層次：分析期（Analysis）

分析期強調藉由摺紙、測量、使用方格板或者其他圖形物件進行幾何圖形的構成要素、幾何性質和規則的探究活動。這些操作活動也可提供學生發現性質之間關係的推論。此層次的學童已經具備豐富的視覺辨識經驗，能進一步觀察幾何圖形構成要素與圖形之間的關係，並可以得到幾何圖形間之共同性質。如學生可以以四個直角來描述長方形。因此，幾何圖形的辨識不再是由圖形的外觀，而是從圖形的構成要素。例如：給一個平行四邊形的幾何圖形，學生可以從測量和標示來理解平行四邊形的「對角相等」性質。但是這個階段的學生無法解釋性質和性質之間的關係；且學生是無法觀察到不同幾何圖形的共同關係，且無法了解幾何定義的意涵。

（三）第二層次：非形式演繹期（Informal Deduction）

非形式演繹期強調學生能夠將過去習得幾何性質推論其關聯性。或者是根據前提進行非形式化的證明。學生能夠區別這些性質的先後順序及包含關係，也能夠形成幾何抽象化定義。他們也能夠區別決定一個幾何概念的必要條件和充要條件。

（四）第三層次：形式演繹期（Deduction）

形式演繹期強調幾何定理和性質的證明，並建立幾何定理和性質之間的脈絡系統。因此演繹推理在這個階段扮演著非常重要的地位。學生必須了解演繹推理對於建構一個公社系統的關鍵性為何。學生也必須要理解定理和性質之間的交互關係以及為定義的幾何名詞、定義、定理、假說和證明。這個階段的學生具備了證明的能力，且了解證明的各種功能。學生也必須了解必要條件和充分條件之間的交互作用為何；以及能夠區分正命題和逆命題。

（五）第四層次：嚴密性期（Rigor）

嚴密性期強調能夠在不同公設下，建構定理系統的能力以及不同定理系統之間的分析比較能力。如：能區分比較歐氏幾何與非歐幾何系統間之差異。研究指出，此為 van Hiele 最後發展的層次，亦是最少被研究關注的層次，van Hiele 本人曾表示他對於前三個階段比較感興趣，尤其是考量現有的國小到高中課程，幾乎就是落在前三個階段。

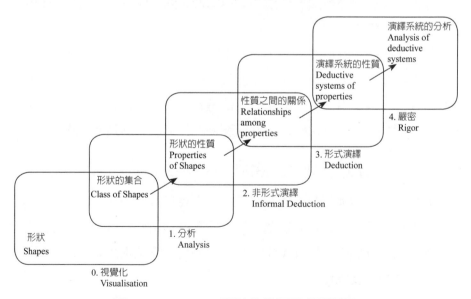

圖 1-2　van Hiele 理論的幾何思考關係圖

（van de Walle, 2004, p. 347）

van de Walle（2004）依據文獻相關的實徵資料，進一步將 van Hiele 的五個認知思考層次結構化。由圖 1-2 所示，這五個思考層次是有發展序列性且具備階層關係。在認知發展進入某一個認知思考層次之前，學生必須精熟於前一層次的技能與知識。每一個階段也有他專屬的幾何語言、一系列的符號和關係的網絡。因此，對教學而言，如果老師使用比學生認知層次高一階段的語言和符號進行教學，學生可能無法理解該老師教學所傳達的幾何意義。

階段與階段之疊合表示某些在低的認知階段爲隱性的幾何知識，當發展到下一個認知階段時，就會變成可以察覺到，且學生能夠拿出來使用（如解題）的幾何知識。這個模式另外一個重點在於點名學生在五個認知思考層次的發展，主要決定因素是教學而非個人的成熟因素；塗色、摺紙、作圖、確認畫出的圖形代表的幾何意義、使用形式語言和非形式語言來描述幾何物件等都有助於第零層次的認知思考的發展。有助於第一層次的教學活動，包括依據幾何性質的分類和再分類活動、依據給定的幾何性質猜測對應的幾何圖形等。有助於第二層次的教學活動，包括使用性質卡片來觀察這些性質之間的包含關係以及邏輯推理關係。能夠以最少的性質來確認及決定一個幾何形體等、發展及使用定義的能力、使用圖形來呈現非形式化的論證、剪貼幾何圖形、使用程序圖（flow chart）來幫助學生了解邏輯推理的重要性以及培養學生從一個不熟悉的前提出發，來建構一個幾何證明。因此，教師應該先確認學生的幾何認知思考層次，再依據認知層次決定教學活動序列。

Fuys 等人（1988）研究也提出 van Hiele 進展關係到五個不同的面向：資訊（information）、引導方式（guided orientation）、說明（explication）、自由探究（free orientation）、整合（integration）。資訊指的是學生必須熟習他們所要工作的內涵（如：正例和非例的檢測）。引導方式指的是告知學生如何進行幾何系統內不同關係的活動（如：摺紙、測量、對稱性的觀察）。解釋指的是學生開始關注到關係，並嘗試以

語言來描述這些關係，並同時藉機學習幾何知識對應的語詞（如：表達幾何圖形的性質）。自由探究指的是學生藉由操作更複雜的任務而自己發現幾何系統內的相互關係（如：知道一種圖形的性質、探究某一個新的圖形是否有這些性質；比如說箏形）。整合指的是學生總結他們所學的幾何物件，然後反思自己學習歷程及形成對新的幾何關係的綜合觀點（如：總結某個幾何圖形的所有性質）。

四 幾何圖形的認知歷程

（一）直觀思維（intuition）

直觀對幾何學習影響甚重。Fischbein（1999）認為直觀是一種認知，其本質是結構化的認知基模（structural schemata）。而結構化的認知基模決定面對外界各種訊息時，依據同化和解釋機制之下，採取行為和心像認知活動的關鍵。直觀基本上是過去經驗所累積而形成一個穩定系統概念的總和。比如說，我們直觀認為兩點之間最短的距離是直線。直觀不一定就是錯誤概念，但個人主觀意識可能會影響客觀科學原理和邏輯的認識概念。Fischbein（1999）提出直觀的幾個特點：

1. 直接、不證自明的（direct, self-evident cognitions），其意旨直觀認知是直接、主觀的認知概念而且不需要外在的理由、形式上的證明或實證資料的支持。

2. 根本的確定性（intrinsic certainty）強調直觀是穩定的、根本的概念一旦建立，就不容易改變。因此，若學生有直觀的迷思概念，改變學生直觀為主的迷思概念就需要設計妥當的診斷教學。概括性（global）則是指出直觀概念是經過組織的認知概念，有單一且整體的觀點，容易一般化類推。

3. 強制性（coerciveness）是指直觀會強制地影響個人的推理策略以及個人選擇推理的前提假設和結果。這個意思是指個人傾向於拒絕另有的解釋，尤其是與直觀思維衝突的解釋。常見的例子就是

乘法會讓數字變大；除法會讓數字變小的直觀思維。這樣思維的建立是在國小中低年級進行乘數是自然數的乘法運算以及除數是自然數的除法運算而得到的學習經驗。即使後來學生學會了非自然數的乘法運算以及除法運算，學生仍然容易停留在自然數情況底下的乘除法運算結果，而造成後續的迷思概念。

4. 外推性（extrapolativeness）是直觀的另外一個重要特點。外推性是指直觀的認知是超出任何實徵的支持。Fischbein 以直線外一點，過此點做一平行於原有直線的線段為例子。此例子中，個體會直觀的認為通過此點且平行於給定的直線只有唯一的一條線。這樣的直觀認知是不需要任何進一步的證明來支持的。背後的原因是因為個體會從兩平行線不相交的觀點直接外推到此問題。Fischbein 認為直觀的外推性和不證自明的特點會阻止數學家產生取代歐式幾何直觀特徵的想法。這也就是為什麼一直到十九世紀非歐幾何在被建立起來。另一個重要的例子則是數學歸納法。數學歸納法的推論歷程有兩個階段。第一階段是證明當 $n = 1$ 時，$P(n)$ 為真。第二階段是證明在 n 為任意自然數的條件下，若 $n = k$ 時，$P(n)$ 為真；且 $n = k + 1$ 時，$P(n)$ 亦為真。直觀的外推特性會讓個體直接推論 $n = 2$ 成立；$n = 3$ 也成立，所以對於每一個自然數來說，都會成立。

5. 整體性（globality）是指直觀的認知推論特質是整體性的，而非程序及分析導向的局部認知推理特質。學生容易以一個理由就進行全面性的推論。典型的例子之一為皮亞傑認知發展理論之保留概念初期。如相同個數的兩堆彈珠，當將彈珠排放成兩條一樣長時，兒童會直觀的認為兩堆彈珠數量一樣多。但若將其中一堆彈珠排放的距離比較大、比較長時，兒童會直觀認為比較長的那排，彈珠數量比較多。

（二）典型心像

對幾何來說，直觀理論的直接應用之一爲典型心像（prototype image）。幾何的初始學習會建構學生對於各種不同幾何性質的典型心像，用以讓學生容易理解及記憶。如圖 1-3，等腰三角形的兩個等長的邊長通常都會放置在左右兩邊，讓學生容易看出兩個邊長的等長關係；同時因爲放置關係，學生也容易推論等底角的概念。

圖 1-3　等腰三角形

Fischbein（2002）提出典型模型（paradigmatic model），用來描述概念所使用的範例，以及視覺上最容易表現出此概念相關性質的圖形。教學過程中，教師可能因爲教學的便利性與侷限性，使用這類典型的例子（paradigmatic example）進行教學，但也同時侷限了抽象化和一般化的概念發展，學生可能只依少數的典型例子所表現出來的視覺特性建構概念心像，使得心像只具有某些特定種類，形成典型心像。

Fischbein 與 Nachlieli（1998）認爲學生圖形的辨識能力大都是根據一個典型（prototype）。因此他們研究指出學生能說出幾何定義，但不一定所有符合定義的圖形都能辨識出來。若圖形偏向非典型圖形，學生辨識錯誤率就提高許多。

每一個概念都由許多的例子經由同化與調適逐漸形成概念意義和心像。而概念意義的核心則是典型。典型是個人思考和直觀思維推理的重要

依據，且因個人經驗的不同而有所差異。任一個概念的重要心像都具有典型，且典型會帶著此概念的相關意涵。典型可以提供學生好的心像例子、想法和分類，但同時典型也可能帶著一些無關的性質，並影響學生的學習。

（三）圖形的視知覺及知覺導向的知識表徵

Gal 與 Linchevski（2010）提出視知覺及知覺導向知識表徵（visual perception and perception-based knowledge representation [VPR]）。VPR 知識表徵並不等同於幾何解題推理過程中所使用的幾何性質。VPR 強調在最前端個人如何處理外界的視覺訊息，進入腦中而形成視覺心像，進行視覺心像的操弄而形成的視覺知識表徵。因此，心理學派的圖形辨識理論和格式塔原則可以解釋幾何圖形的認知歷程。根據 Gal 與 Linchevski，VPR 的形成可以由 Anderson（1995）的視覺訊息處理階段來進一步解釋。Anderson 將視覺處理區分為三個階段：第一階段是組織視覺訊息的階段，就是把形狀和物體從視覺場景中抽取出來的最開始階段。抽取的視覺訊息不同，就會影響後續的辨識和認知表徵。第二階段是視覺訊息識別的階段，就是識別形狀和物體的接續階段。該資訊處理被認為是在周圍認知系統。第三階段則是視覺訊息表徵階段。一旦資訊被感知並進入認知系統，資訊的處理方式就取決於資訊在系統中的表徵方式。此階段與視覺心像息息相關。視知覺和感知為主的知識表徵也就是 Gal 與 Linchevski（2010）所提出的 VPR。

第一階段的視覺訊息組織，強調接收到視覺訊息的切割與分析，以形成較小單位的視覺訊息。這些單位化的視覺訊息可以再區分為高階視覺感知單位或低階視覺感知單位。切割的視覺單位深受格式塔的組織原則所影響。而且強調能夠辨識整體和部分小單位的視覺訊息不一定等同幾何概念和幾何操作的理解。Gal 與 Linchevski 以格式塔的完形理論來論述幾何視知覺訊息的轉化類別。格式塔的完形理論提出幾個視覺刺激轉換的判斷法

則：(1) 相近性原則（proximity），其強調視覺刺激呈現物件的距離會影響關聯性的判別。若是將物件放在相鄰的位置上，個體視覺化會直觀的建立起關聯性。比如說：兩個三角形放在鄰近的位置，個體傾向認為這兩個三角形之間是關係存在的。(2) 相似性原則（similarity）是指個體傾向將相似的物件建立關聯組成一體。例如：將兩角度大小相接近，容易被視為是等角。格式塔的相似性原則是人在複雜環境中，辨識物件常用的原則之一。(3) 封閉性及完整型式原則（closure 與 good form）是指個體在觀察事物時傾向將許多獨立元素視為一個封閉的圖案，而自動填補元素和元素間空白的部分，形成一段不存在的線段，讓這個圖形變成一個完整的形式。如學生看到三個邊長斷掉的三角形時，會自動將斷掉的邊長連接起來，形成封閉的三角形。(4) 連續性原則（continuation）則是對應到大腦傾向將物件看成連續的整體，因此處理連續物件會比處理不連續物件更為快速。

　　以下為 Gal 與 Linchevski（2010）文章中舉的例子之一。Gal 和 Linchevski 將下面三角形複合圖形的切割歷程，以格式塔理論的相近性和封閉性來說明其可能造成認知困難的背後原因。如下圖 1-4 所示，圖 a 為幾何試題常出現的圖形，通常是推論相鄰兩個三角形的角或者是共用邊。圖 b 指的是學生錯誤辨識兩個小三角形的共用邊。大三角形是有兩個小三角形所組成。共用邊為中間垂直的邊長，但學生會認為圖 b 下面標示為粗線條的邊長才是共用邊；而上方標示的兩個三角形合起來的角，是共用角。為了找到正確的共用邊，學生必須要能將圖 a 的大三角形切割成兩個小三角形（圖 c），並一一的確認每一個三角形的三個邊長，並將這些邊長對應到原始圖 a。但辨識出藏在原始圖 a 內部的共用線段，違反了格式塔的封閉性和完整型式原則。封閉性指的是大三角形為一個封閉圖形；完整性原則指的是學生傾向於將原始圖當成一個常見且完整的大三角形。而將相鄰的兩個角和相鄰的兩個邊長當成共用角和共用邊則是代表學生使用相近性原則進行共用邊和共用角的判斷。圖 d 則是點出學生可能只看見大的三角形且內部有線段，而非兩個小三角形所組成的大三角形。當只看見

大三角形時，就表示學生未能進行圖形的分割，並辨識分割的子圖之間的元素關係。圖 e 則是使用透明片配上著色策略幫助學生看到子圖以及子圖之間元素的關係。圖 e 顯示要了解子圖和共用邊和共用角的關係需要三彰投影片。利用投影片的疊合和著色策略，學生可以看出哪一個邊長是共用邊。

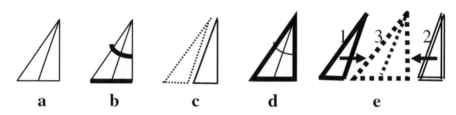

圖 1-4　原始圖 (a)；三角形錯誤的共用部分 (b)；預期的圖形分隔 (c)；實際的圖形分割 (d)；使用透明片協助觀察圖形的分隔 (e) 比對
（Gal & Linchevski, 2010）

　　第二階段的視覺訊息規律的辨識，強調上下文資訊及圖形特徵的分析整合歷程。當視覺訊息被知覺後，個體會開始辨識幾何物件和形狀的特徵，並找到其隱含的規律。幾何物件和形體規律的辨識，包含了從上而下以及從下而上的歷程。從下而上歷程是指感官所收取的訊息為主的訊息規律辨識。比如說辨識哪些線段是平行於地面；哪些線段看起來則是垂直於地面。從上而下歷程則是強調文本脈絡所帶來的規律辨識歷程。比如說提到某一個幾何性質，學生就容易從圖形中辨識出相關的子圖。如當提到外接圓的圓心時，學生就容易連結到半徑均等長的概念。

　　第三階段知覺為主的知識表，則是強調大腦如何將前兩個階段辨識出圖形規律轉換歷程。此歷程結果含括三種不同的考量。第一是圖形和文字表徵的差別。Gal 與 Linchevski 強調文字表徵的意義順序和圖形可能有所不同。比如不同國家可能使用不同的文字代表不同的意義。比如說台灣會以大寫的英文字母表示圖形的頂點；而會以小寫的英文字母代表邊長。心

像則是強調圖形辨識可能涉及心像剛性變化（平移、旋轉、翻轉），以及這些歷程可能對於個人認知負荷的影響。Gal 與 Linchevski 也強調心像也是有上下階層及包含關係之分。這些心像的階層關係也會影響 VPR 以及後續的幾何解題表現。

總結 Gal 與 Linchevski 的 VPR 概念，使得我們可以理解感知數據的組織化，腦中物件的辨別和表徵（都是視覺化的必要條件），為了分析在幾何學研究中涉及數字處理的各種困難。每一階段都受相關理論框架的影響。對於以感知為基礎的知識表徵，我們利用格式塔原則的優點來進行組織化，從下而上和從上而下的處理以進行辨別，和語文表徵表達以及圖形表徵，心像和圖形的層次結構。

（四）圖形知覺理解（Geometrical Figure Apprehension）

在圖形的知覺理解分析，就以法國數學教育學者 Duval（1995）提出的類別最為經典。Duval（1995）將個體對於幾何圖形的認知理解區分為四種不同的型式，且每一種型式代表著不同的幾何知覺方式。四種認知的理解方式包括：知覺性理解（perceptual apprehension），構圖性理解（sequential apprehension），論述性理解（discursive apprehension）和操作性理解（operative apprehension）。Duval 提出幾何圖形至少必須引發個體知覺性理解，以及另外三種理解方式的其中一種，此幾何圖形才能發揮解題或思維推理等認知功用：

1. 知覺性理解（perceptual apprehension）

知覺性理解是個體辨識圖形物件的初步認知歷程。幾何圖形常由不同的子圖所構成，其潛藏著該圖形的組織法則與繪圖的線索。幾何圖形的知覺性理解，不單包含對圖形的整體辨識，也包含對組成圖形子圖的辨識，以及對這些子圖間相互關係的察覺。由於圖形組成的複雜元素，使得知覺性理解所產生之圖形心像與原圖投射至視網膜的圖像不一定會全部相同。因此，經由視覺感官所感知到的訊息，經過組織和辨識後所產生的心像表

徵，不一定會與原來的幾何圖形相同，且有可能會產生錯誤的圖形概念。這與前面所論述的視知覺與視知覺導向的知識表徵（VPR）概念相同。另外，由於幾何圖形常由子圖所構成，所以知覺性理解也包含了圖形子圖的辨識與命名。通常知覺性理解會以自然語言進行幾何圖形與子圖的描述。如學生可能會將三角形描述成房子尖尖的屋頂，長方形描述為房子的門等。

2. 構圖性理解（sequential apprehension）

構圖性理解強調個體對進行有序性的作圖歷程或是描述圖形結構的一種認知歷程。個體對圖形組成的理解，並非完全依賴知覺所獲得心像和線索，而是要依據作圖的限制及數學性質的條件，才可以理解圖形隱含的幾何意義。這些技術上的限制會隨著作圖工具的不同（如尺規作圖、電腦繪圖）而有所更改。因此，個體若不了解相關數學性質與作圖工具的限制，將無法畫出預期的幾何圖形。由此可知，數學知識與作圖經驗是構圖性理解的關鍵。如：以給定三個線段長度，畫出一個三角形的任務中，學生必須了解三線段中的任意兩個線段和都必須大於第三線段的長，則此三線段才可以構成三角形。另外一個例子是學生也必須理解三角形的 SSS 全等性質，才能知道給定的三個線段長與畫出來的三角形之間的關係。工具使用方面，學生要能察覺圓規兩腳尖的距離相當於此兩腳尖鎖定兩點連出的線段長，才能將其靈活運用於複製此長度，並利用圓規畫弧的工具性質，找到邊長的交點。善用圓規的工具性質，在給定的三邊長條件之下，畫出三角形，即是構圖性理解。

3. 論述性理解（discursive apprehension）

論述性理解意指個體透過語言或文字，來描述圖形所具有的性質或進行推理論證的認知歷程。在同一圖形下，不同人所見的圖形結構和性質不盡相同，而且每個人對圖形的說明能顯示其對圖形的理解程度。論述性理解強調學生如何藉由數學語言來推論幾何圖形。因此，論述性理解與知覺性理解最大的不同在於語言的使用與描述，其對於幾何推論而言，也會有

很大的影響。論述性理解強調使用正確的數學語言，並且能以這些數學語言進一步進行幾何推論。Duval 也提到知覺性理解也可能會干擾論述性理解，尤其當學生從圖形已經獲得了某些訊息後，就可能認為不需要數學推理與論證。

4. 操作性理解（operative apprehension）

操作性理解關注在個體如何操弄實際物體、圖形或心像的一種認知歷程。在現實情境或心像的操弄，可提供個體多面向的了解幾何概念，並思考幾何概念背後的意義。幾何解題或證明時，題目要求學生畫輔助線，得以推論出最後答案。畫輔助線即是一種操作性的理解。因為操作性理解需要進行圖形的分割及重組，其通常會增加解題和推理的認知負荷。Duval（1995）將操作性理解有三類不同的圖形變換操作：

(1)組塊方式（The mereologic way）：將一個給定的圖形分割成為子圖形或重組分割的子圖形成一個新的完整的圖形，這就是 Duval 所謂的組塊變換歷程。組塊操作歷程與知覺性理解的子圖辨識並不相同。知覺性理解辨識的子圖原來已經蘊含在給定的圖形中；而組塊變換需要產生新的分割方式，並形成原來圖形沒有的新子圖。

(2)光學方式（The optic way）：利用光學直線前進的方式，對一個圖形進行放大、縮小、鏡射或傾斜的變化歷程。點對稱即可採用放射或旋轉方式形成對稱圖形。

(3)位移方式（The place way）：改變一圖形的位置或方向的過程，即是進行位移方式的變換。

Duval 認為操作性理解常與論述性理解相伴發生，而且操作性理解常扮演著啟蒙的角色，幫助論述性理解。Duval 也將影響操作性理解的因素做一說明。他認為個體對圖形的知覺性理解有可能引發、也可能抑制操作性理解。他舉幾個知覺性理解與操作性理解互動的例子。例子一：若原始圖形即可以分解出解題所需的子圖，則知覺性理解可以引發操作性

理解；若需要額外畫輔助線，則知覺性理解會抑制操作性理解。例子二：原始圖形操作過程中，若保持結構的不變代表知覺性理解是引發操作性理解；若是圖形結構不斷變動，則代表知覺性理解抑制操作性理解。這些例子可以看出知覺性理解與操作性理解之間的引發和抑制關係。兩者之間的關係也提供幾何教學之參考。

五 幾何的認知複雜性

不同於 van Hiele 的認知層次觀點，Duval（1998）將幾何認知切割成不同的面向。他認為幾何包含了三個主要的認知歷程：視覺化歷程（visualization processes）、構圖歷程（construction processes by tools）、和推理歷程（reasoning）。

1. 視覺化歷程（visualization processes）是有關圖形的空間表徵的認知歷程，可能是對單純圖形（線條與形狀）的辨認，或針對幾何命題敘述進行草圖繪製，或針對複雜情境（例如：平行、垂直、等距、等積、共圓等幾何意義）作啟發式的探索、概要的掃視或主觀的確認。

2. 構圖歷程（construction processes by tools）是指依據作圖工具對圖形再製的認知歷程。當在圖形再製的過程中，必須理解圖形的結構，這樣的理解通常有助於發現圖形的幾何意義以及其中涉及的原理與關係。

3. 推理歷程（reasoning）則是為了擴展知識、進行論證、以及作出解釋的論述歷程（discursive processes）。

Duval（1998）認為這三種認知歷程並不一定會同時存在，個體可能對某個圖形產生了知覺，但卻不一定有建構它或是有推理它的歷程產生，除非個體自主的想要產生這些歷程。如：學生畫出平行線段前，已經對兩條線不相交的認知特徵完成了視覺化歷程。因此，構圖歷程和視覺化歷程可能是分開進形的。構圖歷程著重在數學性質和工具使用限制之間的連

結，即使構圖歷程會引發學生視覺化歷程，視覺化歷程確有可能誤導構圖歷程。因此，若視覺化歷程是為了證明所需的直觀幫助，推理歷程就扮演著重要地位，因其可決定哪些可用的幾何命題（定義，公理，定理）可以用來證明幾何結果。對幾何的認知發展來說，這三個認知歷程是緊密相關的。為了能夠理解並掌握幾何證明，三種認知歷程的相互配合，就變得相當重要。

Duval（1999）的另外一大貢獻是提出認知分類的表徵架構。Duval 認為數學學習涉及一個複雜的過程，因為數學知識中的矛盾符號，表徵的模糊意義以及需要對各種符號系統進行數學思考。Duval 強調了符號表徵系統的重要性，因為數學本身只能由此系統理解。與其他科目不同，數學不能只藉由關於現實世界中，自然現象的感知圖像或描述來學習。例如：數蘋果不僅意味著看到蘋果，還需要數字系統記錄並理解計數的動作。學習數學的另一個困難是表徵的意義不明確。Duval 認為的數學表徵不應只從內部／外部或心理／身體的角度去考慮。相反地，他從認知的角度去考慮數學表徵，並提出將數學表徵分為自動引起的和意向引起的。從結果看來，數學思考涉及不同的符號系統以及各種暫存器和表徵的使用。

根據 Duval 的觀點，數學理解需要協調符號表徵的不同系統，並且避免混淆彼此。圖 1-5 顯示了自動表徵系統和意向表徵系統。自動認知通常是由有機系統啟動的，在有機系統中，表徵是指物件的體驗結果，該結果可能是透過複製感知格式塔或人腦中的內部心理圖像來實現的。數學學習中的意向認知需要符號系統的相互作用，主要涉及語言和圖像的感覺系統。在此框架中，語言相關的表徵包括論述，如描述、推理、和計算。圖像相關的表徵強調了一般圖形或幾何圖形上的視覺化。根據 Duval 的觀點，視覺化涉及兩種暫存器：具有三重意義結構（自然語言，2D 或 3D 形狀表徵）的暫存器和具有二重意義結構（符號記法，形式語言，圖表）的暫存器。對幾何學習而言，會涉及到圖表的不同理解（Duval, 1995）。

以意識表徵的認知分類為基礎，幾何學習可能只有激發自動表徵系

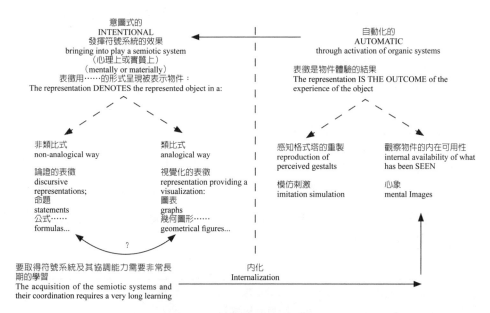

圖 1-5　認知分類表徵架構
（Duval, 1999, p. 315）

統，因為人們可能會根據其在現實中的經驗來辨識複雜圖形環境中的參照
物形狀。尤其是對個人來說，參照物形狀可能不是最簡單且常見的，因此
人們更可能藉由感知格式塔的複製而不是自己的心理圖像來辨識形狀。幾
何學習強調意向和自動符號系統之間的相互作用以及談話和視覺化之間的
表徵協調，才能真正理解幾何意義，並成功進行幾何推理與證明。

　　素養導向的教學需要整合知識、情意與技能，展現教與學的策略與
方法，否營造適當的學習情境，本章針對國小各階段之每個學習表現設計
一則教學活動，活動設計由三方面（數學學習舊經驗、生活情境與故事情
境）引入，讓學生在情意上感受學習的必要性，再透過活動操作與問題討
論，建立學生需要的數學知識及技能。

第二節 教學活動設計──由數學學習舊經驗引入

本節中的教學活動設計以學生曾學過的數學舊經驗為起始點，透過學生的舊經驗無法有效或快速的解決新問題，進而引出學習新概念的需求。

一 學習表現 s-I-1 教學活動

本活動的由找出相同的形狀作為起始活動，先確認學生經驗圖形的疊合，在透過圖形的分類，介紹各類圖形的屬性。本活動亦可搭配資料與不確定性學習表現「d-I-1 認識分類的模式，能主動蒐集資料、分類並做簡單的呈現與說明」進行教學。

學習表現：s-I-1 從操作活動，初步認識物體與常見幾何形體的幾何特徵。

教學目標：認識三角形、正方形、長方形和圓形

學習目標：學生能依據圖形的特性分類，認識各類的圖形。

核心素養：數-E-A1

具備喜歡數學、對數學世界好奇、有積極主動的學習態度，並能將數學語言運用於日常生活中。

數-E-A2

具備基本的算術操作能力、並能指認基本的形體與相對關係，在日常生活情境中，用數學表述與解決問題。

數-E-A3

能觀察出日常生活問題和數學的關聯，並能嘗試與擬訂解決問題的計畫。在解決問題之後，能轉化數學解答於日常生活的應用。

數-E-B1

具備日常語言與數字及算術符號之間的轉換能力，並能熟練操作日常使用之度量衡及時間，認識日常經驗中的幾何形體，並能以符號表示公式。

數-E-C1

具備從證據討論事情，以及和他人有條理溝通的態度。

數-E-C2

樂於與他人合作解決問題並尊重不同的問題解決想法。

教學準備：每位學生需要附件二份（其中一份需要事先減下，以下稱為圖卡），每組
　　　　　圖形包含各類三角形、正方形、長方形和圓形，大小各數個
教學設定：可為個人活動（一年級），亦可為小組活動（年級）。若採小組活動，建
　　　　　議以 2~3 人一組為限。
教學活動設計：

（一）透過疊合認識圖形「一樣大」的意義

1. 教師請學生拿出學習單及出任意一個圖卡，在學習單上找出相同的圖形。
2. 教師詢問學生如何知道這二個形狀相同。

　學生可能回答：

　(1) 看起來差不多

　(2) 大小差不多

　(3) 放上去一樣大

3. 教師詢問學生，怎麼知道這二的圖形一樣大，請學生嘗試將圖卡完全疊合在學習單
　的圖形上，觀察完全疊合時的特性。
4. 學生應可觀察到角、邊的疊合情形。
5. 教師請學生在學習單上找出和每個圖卡一樣大的圖形，並說明為什麼它們一樣。

（二）圖形分類

1. 教師請學生拿出準備的圖形，請學生依照自己的想法分類。

　學生可能分類方式：

　(1) 有角或沒有角。

　(2) 有直直的或沒有直直的邊。

　(3) 三個直直的邊、四個直直的邊、沒有直直的邊。

　(4) 三個邊、四個邊都一樣長、四個邊沒有都一樣長、沒有直直的邊。

2. 教師請學生分享自己的分類法。
3. 教師於學生分享時透過提問，確認學生的分類法。

　教師可能提問：

　(1) 你能跟大家再說一次，你是怎麼分的嗎？

　(2) 所以你的分法是看圖形有沒有尖尖的角？

　(3) 你是用有沒也直直的邊來分類？

　(4) 你把有三個直直的邊的放一起，四個直直的邊的放一起，沒有直直的邊的放一起？

　(5) 你先分出三個邊、四個邊和沒有直直的邊，然後再把四個邊的，分成邊一樣長的
　　　和不一樣長的？

4. 請其他同學思考發表同學的分類法是否可行，詢問與發表同學採用相同分法的同學
　有沒有需要補充說明。

(1) 用 XXX 的分法，每個圖形都放在對的地方嗎？

(2) 誰的分法和 XXX 一樣？你的分類結果也和 XXX 一樣嗎？

(3)（遇到學生問題 (2) 的分類結果不一樣時）哪一個圖型和 XXX 的不一樣？你為什麼放在○○，而不是放在●●。

5. 請學生觀察不同的分法是不是一定出現不一樣的結果。

6. 學生需要看出利用有沒有角或有沒有直直的邊的分類結果相同。

7. 宣告分類後的圖形名稱

　　沒有直直的邊的圖形叫做「圓形」，有三條直直的邊的圖形叫做「三角形」有四個直直的邊，看起來方方正正的，並且每一個邊都一樣長的圖形叫做「正方形」，有四個直直的邊，看起來方方正正的，但是不是每一個邊都一樣長的圖形叫做「長方形」。

教學評量：

教師可以隨機拿出一個圖形，

1. 請學生將圖形根據指定的分類方式放置於正確的分類位置。

2. 說出圖形為三角形、正方形、長方形或圓形，並說明是該圖形的理由。

　　教師可以提問：

　　(1) 你覺得這個是什麼形？

　　(2) 你為什麼覺得它是◎◎形？

　　(3) 從哪裡看出來的？

註：

1. 為了避免學生用邊長是否都等長分類，將正三角形與正方形歸為一類，建議在活動操作時不要出現正三角形，待已經介紹圖形名稱後，再呈現正三角形於評量中。

2. 本活動之分類物件可以是教學單元調整，如立體形體，各類三角形或四邊形，協助學生認識角柱、角錐、圓柱和圓錐，各類三角形（鈍角三角形、銳角三角形、直角三角形、等腰三角形、等腰直角三角形、正三角形及其他）及各類四邊形（平行四邊形、梯形、菱形及其他）。

▣ 學習表現 s-II-1 教學活動

　　本活動以長方形名片與卡片作為情境，分別透過邊長磁條比對及平方公分板繪製，引導學生觀察長方形邊長與周長或面積的關係，並整理成長方形周長、面積公式。應用公式，在周長或面積已知的情況下，找到可能的長和寬。

學習表現：s-II-1 理解正方形和長方形的面積與周長公式與應用。

學習目標：透過操作，能觀察歸納長方形邊長與周長或面積的關係，並能理解公式及
其應用。

教學準備：名片、卡片、紅色與黃色磁條

核心素養：數-E-A1

具備喜歡數學、對數學世界好奇、有積極主動的學習態度，並能將數學語
言運用於日常生活中。

數-E-A2

具備基本的算術操作能力、並能指認基本的形體與相對關係，在日常生活
情境中，用數學表述與解決問題。

數-E-A3

能觀察出日常生活問題和數學的關聯，並能嘗試與擬訂解決問題的計畫。
在解決問題之後，能轉化數學解答於日常生活的應用。

數-E-B1

具備日常語言與數字及算術符號之間的轉換能力，並能熟練操作日常使用
之度量衡及時間，認識日常經驗中的幾何形體，並能以符號表示公式。

數-E-C1

具備從證據討論事情，以及和他人有條理溝通的態度。

數-E-C2

樂於與他人合作解決問題並尊重不同的問題解決想法。

學生準備：三角板、直尺

教學設定：個人操作

教學活動設計：

（一）複習周長與面積的概念

1. 教師詢問學生灰色圖形的周長是指哪裡？面積是指哪裡？請學生用手指比出來或螢
光筆標示。

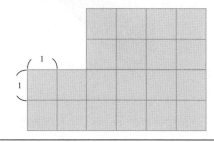

學生可能的回答：

粗線的長度為圖形的周長，粗線內部的大小為圖形的面積

2. 教師詢問圖形的周長是多少公分？怎麼知道的？

   學生可能的回答：

   (1) 總共有 20 段粗線的邊，每段是 1 公分，所以周長是 20 公分。

   (2) 朝上的邊有 6 段，朝下的邊有 6 段，朝左邊有 4 段，朝右邊有 4 段共 20 段，周長等於 20 公分。

3. 教師詢問圖形的面積是多少平方公分？怎麼知道的？

   學生可能的回答：

   共有 20 格，每一格是 1 平方公分，以面積是 20 平方公分。

（二）檢視長方形構成要素

1. 教師布題：老師有一張新製作的名片，這張名片是什麼形狀？你怎麼知道的？」請學生用工具（三角板、直尺）確認自己的答案。

   學生可能的回答：

   (1) 它是長方形，因為上下兩邊長都是 9 公分、左右兩邊都是 5 公分。

   (2) 每個角都是直角。

2. 教師總結，因為這張名片的兩雙對邊相等，且四個角都是直角，所以它是長方形。

（三）長方形周長公式推導

1. 教師詢問學生：請問這張名片的周長有多長？怎麼知道的？

　　學生可能的回答：

　　(1) 9 + 5 + 9 + 5 = 28 公分

　　(2) 9×2 + 5×2 = 28 公分

2. 教師使用紅、黃磁條將卡片的邊標示出來，並以磁條呈現學生的解題方法。

　　(1) 第一種算法，可以看成將每一條磁條相加

　　9 + 5 + 9 + 5 = 28

　　(2) 第二種算法，可以看成先算每一組對邊再相加

　　9×2 + 5×2 = 28

3. 教師詢問學生是否一定要將長方形四邊都測量後，才能知道這個長方形的周長，引導學生看出磁條中的同一個顏色有 2 條，計算長方形周長時，可以先算一段紅色加黃色，再乘以 2。

(9 + 5)×2 = 16

4. 教師布題：「由於現在疫情愈來愈嚴重，老師不能出國拜訪住在國外的朋友，只能寄下圖的卡片跟他們聯絡感情。」詢問學生下圖的卡片周長，可以用上面的方法找出來嗎？是幾公分？

5. 教師追問：每個長方形都可以用上面的方法算出周長嗎？請學生嘗試討論。

6. 教師宣告：我們通常把長方形的其中一條邊叫作長，和它相鄰的邊叫作寬，長方形的周長計算方式可以表示成：

長方形周長＝長 $\times 2$ ＋寬 $\times 2$ 或（長＋寬）$\times 2$

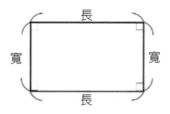

（四）長方形面積公式推導

1. 教師詢問學生：老師新製作的名片的面積是多少平方公分？怎麼知道的？
   學生可能回答：利用平方公分板點數。

2. 教師追問：現在沒有平方公分板，要怎麼找出面積？平方公分板能自己繪製嗎？

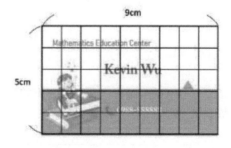

學生可能先在圖形上繪製格線，並回答：

(1) 每格是一平方公分，總共有 45 格，面積＝ 45 平方公分

(2) 每一列有 9 格，共有 5 列，面積＝ 9×5

(3) 每一排有 5 格，共有 9 排，面積＝ 5×9

3. 教師詢問學生：一定要把所有的格線都畫出來嗎？有沒有比較快的方法？透過此問
   題讓學生體會不需要將所有的格線都畫出來，只需要知道兩端各有幾格即可。

4. 教師歸納：長方形長 9 公分，可以看成 9 個 1 平方公分一列，寬 5 公分，可以看成
   排滿 5 排，所以面積等於 $9 \times 5 = 45$ 平方公分，因此長方形面積可以看成 = 長 × 寬。

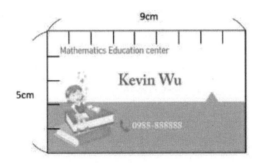

5. 教師詢問：寄給朋友的卡片的面積，是否可以用相同的方法計算。請學生自行討論
   作答。

6. 教師追問是否「所有的」長方形都可以用這樣的方法算出面積，請學生發表自己的
   想法。

7. 教師請學生利用剛剛學的方法，計算下圖長方形的周長與面積，並說明原因。

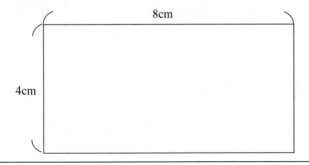

學生可能的作法：

(1) 周長：$(8 + 4) \times 2 = 24$

(2) 面積：$8 \times 4 = 32$

8. 教師請學生畫出周長為 10 公分長方形（邊長都是整數），畫出所有想到的長方形。

學生可能的作法：

(1) 先假設一邊邊長，再計算另一邊長度

假設一邊邊長為 1，$1 \times 2 + 4 \times 2 = 10$

假設一邊邊長為 2，$2 \times 2 + 3 \times 2 = 16$

(2) 先將周長分為兩段，再拆長和寬

$10 \div 2 = 5$，$5 = 1 + 4$、$5 = 2 + 3$

9. 教師請學生畫出面積為 10 平方公分的長方形，請畫出所有想到的長方形。

學生可能的作法：

因為長方形面積等於長 × 寬，因此面積可以是 1×10、2×5

教學評量：

1. 給定長方形的長和寬，請學生計算周長和面積。

2. 給定長方形的周長，請學生找到並畫出所有可能的長方形。

3. 給定長方形的面積，請學生找到並畫出所有可能的長方形。

註：

1. 本活動讓學生從實作中理解周長、面積公式的由來，並非直接宣告公式。

2. 面積公式的推導是以乘法概念引入，讓學生理解邊長與面積的關係。

3. 長方形周長公式（長＋寬）×2 只運用四年級併式規則，並未討論分配律。

4. 長方形周長與面積的教學順序並無固定，教師可自行調整。

三 學習表現 s-III-1 教學活動

本活動之設計為連結學生利用平方公分板計算面積的舊經驗，透過減

少不完整格子數之方式思考模式，引出平行四邊形的切割重組成長方形後計算面積的需求感。

學習表現：s-III-1 理解三角形、平行四邊形與梯形的面積計算。

教學目標：理解平行四邊形與梯形的面積

學習目標：

1. 透過點數及切割重組，理解平行四邊形和長方形的面積關係。

2. 察覺平行四邊形的底、高與長方形的長、寬之對應關係。

3. 了解平行四邊形面積公式。

核心素養：數-E-A1

　　　　　具備喜歡數學、對數學世界好奇、有積極主動的學習態度，並能將數學語言運用於日常生活中。

　　　　　數-E-A2

　　　　　具備基本的算術操作能力、並能指認基本的形體與相對關係，在日常生活情境中，用數學表述與解決問題。

　　　　　數-E-A3

　　　　　能觀察出日常生活問題和數學的關聯，並能嘗試與擬訂解決問題的計畫。在解決問題之後，能轉化數學解答於日常生活的應用。

　　　　　數-E-B1

　　　　　具備日常語言與數字及算術符號之間的轉換能力，並能熟練操作日常使用之度量衡及時間，認識日常經驗中的幾何形體，並能以符號表示公式。

　　　　　數-E-C1

　　　　　具備從證據討論事情，以及和他人有條理溝通的態度。

　　　　　數-E-C2

　　　　　樂於與他人合作解決問題並尊重不同的問題解決想法。

教學準備：每位學生需要形狀不同的平行四邊形各數個（如附件 72 頁），平方公分板、附件（參 72 頁）

教學設定：個人活動

教學活動設計：

1. 教師請學生拿出平行四邊形 A（s-III-1 附件）及平方公分板，請學生依照自己的想法用平方公分板測量平行四邊形 A 的面積。

　　測量時：

　　(1) 平行四邊形的邊「不一定」要和平方公分板上的格線對齊。

(2) 若學生不記得如何利用平方公分板測量面積，則教師複習使用平方公分板計算面積的方式為：先分別點數完整與不完整的格子數量，再用完整的格子數 $+\dfrac{1}{2}$ 不完整的格子數。

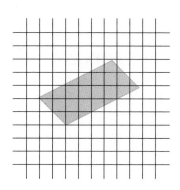

2. 教師請學生分享自己的答案。

3. 學生出現不同的數據，教師提問哪一個數據比較正確？為什麼？（應等待學生出現其中一邊貼齊隔線，且邊的端點在隔線上，此時不完整的格子可以恰巧拼成完整的格子。

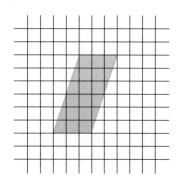

4. 請學生拿出平行四邊形 B，再透過平方公分板測量面積，這次希望學生可以將不完整格子拼成完整格子的數量減到最低，詢問學生面積是多少平方公分。

5. 請學生分享所算出的平行四邊形 B 的面積大小。

6. 教師提問：如果沒有平方公分板，要怎麼知道平行四邊形的面積？
   此時教師引導學生觀察平行四邊形 A 與 B 的（各）四個頂點在平方公分板上的位置，提問從這些頂點的位置可以那些數據，這些數據與所算出來的面積有何關係？（一個邊的長度 × 這個邊到對邊的距離和算出的面積一樣。）

7. 教師提問：

   (1) 這個算法（一個邊的長度 × 這個邊到對邊的距離）感覺上和計算長方形面積的方法有點類似，平行四邊形和長方形面積的計算方式有什麼相似的地方？（都是用一個邊的長度 × 這個邊到對邊的距離。）

   (2) 有辦法將平行四邊形切成 2 部分後，重新排成長方形嗎？（此處與課本的切割重組方式相同。）

8. 教師請學生觀察切割重組後的平行四邊形與長方形的長和寬之間的關係，宣告：

   (1) 和長方形的長一樣的邊（用平方公分板測量時，貼齊格線的那一邊）稱為「底」。

   (2) 和長方形的寬一樣長的切割線稱為「高」。

9. 請學生觀察平行四邊形高的長度和用平方公分板測量時的底邊到它的對邊的距離間的關係。

10. 教師歸納：平行四邊形切割後，和長方形一樣大，並且平行四邊形的底、高和長方形的長、寬的長度相同，可以得到

     平行四邊形的面積＝長方形的面積（拼貼後的結果）

            ＝長 × 寬（長方形面積公式）

            ＝底 × 高（代換長、寬成底、高）

11. 教師提問：是不是所有的平行四邊形都可以切一刀後，拼貼成長方形？

   如果學生說「是」，請學生觀察平行四邊形 D 後（附件 73 頁圖 D），再回答。

12. 教師提問：

   (1) 平行四邊形 D 要怎麼切割重組，才能拼成長方形？（此處與課本的切割重組方式相同。）

   (2) 平行四邊形 D 的面積，還是可以用底 × 高來計算嗎？

13. 詢問學生有沒有其他可以計算平行四邊形 D 面積的算法。

   若學生提出可以將數個平行四邊形 D 拼成一個大的平行四邊形，計算出大平行四邊形面積後，再算出平行四邊形 D 的面積，教師可引導此種算法與公式「底 × 高」的關聯性。

教學評量：

不使用平方公分板，請學生測量平行四邊形 C（附件 73 頁）的底與高的長度，並計算平行四邊形 C 的面積。

註：

1. 附件中的平行四邊形一組底邊和高為整數，另一組不為整數，教師可以提示學生二邊都當作底邊試試看，看哪一組比較好計算。

> 2. 若有計算機，可以讓學生測量非整數的那組底和高（到毫米），計算平行四邊形的面積，在比較二組底和高所算出來的面積是否接近。

第三節　教學活動設計 —— 由生活經驗引入

數學的使用在生活中處處可見，本節中的教學活動透過生活情境，引發學生的好奇心，除了數學概念的學習外，同時讓學生連結生活與數學，讓數學不僅僅只是學校中學習的學科而已。

■ 學習表現 s-II-2 教學活動

本活動透過生活常見的包裝紙情境，引導學生觀察並了解何謂全等圖形。其次，透過圖卡的平移、旋轉、翻轉等操作，找到全等圖形。最後透過全等圖形的疊合，說明對應邊、對應角。

學習表現：s-II-2 認識平面圖形全等的意義。

學習目標：引導學生透過平移、旋轉、翻轉找到全等圖形，並知道其對應邊相等、對應角相等。

核心素養：數-E-A1

　　　　　具備喜歡數學、對數學世界好奇、有積極主動的學習態度，並能將數學語言運用於日常生活中。

　　　　　數-E-A2

　　　　　具備基本的算術操作能力、並能指認基本的形體與相對關係，在日常生活情境中，用數學表述與解決問題。

　　　　　數-E-A3

　　　　　能觀察出日常生活問題和數學的關聯，並能嘗試與擬訂解決問題的計畫。在解決問題之後，能轉化數學解答於日常生活的應用。

　　　　　數-E-B1

　　　　　具備日常語言與數字及算術符號之間的轉換能力，並能熟練操作日常使用之度量衡及時間，認識日常經驗中的幾何形體，並能以符號表示公式。

數-E-B3

具備感受藝術作品中的數學形體或式樣的素養。

數-E-C1

具備從證據討論事情,以及和他人有條理溝通的態度。

數-E-C2

樂於與他人合作解決問題並尊重不同的問題解決想法。

教學準備:每組提供一張包裝紙(每兩組會分到同一花色)、2 隻剪刀、1 張描圖紙,

及有各種圖形的學習單 1 張、圖卡 1 包。

教學設定:建議為至少 3 人的小組活動。

教學活動設計:

1. 教師請學生觀察包裝紙,討論包裝紙上可以看到哪些圖形重複出現。

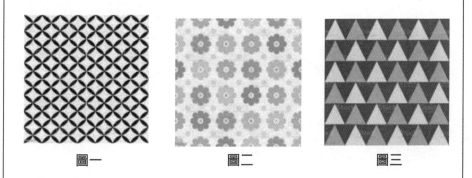

圖一　　　　　　　　圖二　　　　　　　　圖三

　學生自由回答。

2. 教師詢問學生:剛剛找到的包裝紙上重複出現的圖形,它們的形狀和大小是否一
　樣,要如何確認。

　學生可能回答:

　(1) 我用剪刀剪下那個圖形,再拿到包裝紙上比,形狀和大小都一樣。

　(2) 我用描圖紙將那個圖形描下來,再拿到包裝紙上比,形狀和大小都一樣。

　(3) 它們看起來,形狀和大小都一樣。

3. 教師操作基本元件和包裝紙上的圖形比對並宣告當兩個圖形能完全疊合時,它們的
　形狀和大小都相同,這兩個圖形是全等圖形。包裝紙上這些重複出現的圖形,都可
　以完全疊合,它們都是全等圖形。

4. 教師詢問學生包裝紙上的圖形以何種的規律重複出現。請學生上台操作說明。

　學生可能回答:

(1) 圖一的葉子轉一下，就能跟其他片重疊，也可把它翻過去，就變成另一片。

(2) 圖二的花朵可以上下、左右、和斜著移動。

(3) 圖三的三角形也可以上下、左右、和斜著移動。

5. 教師請其他組同學補充，並以包裝紙上的兩全等圖形示範平移、旋轉、翻轉等操作。

6. 教師在黑板上張貼有各種圖形的海報並提供各組該學習單，請小組先目測找出全等圖形，再使用平移、旋轉、翻轉等方式，操作圖卡檢查。

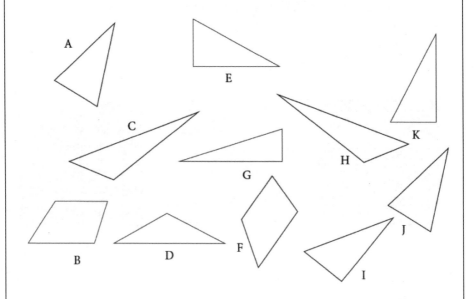

學生上台邊操作圖卡邊說明，舉例如下：

(1) A 和 J 全等，把 A 往右下平移，就跟 J 疊合。

(2) B 和 F 全等，把 B 逆時針旋轉，就跟 F 疊合。

(3) E 和 K 全等，把 K 順時針旋轉，就跟 E 疊合。

(4) C 和 H 全等，把 C 向右翻轉，就跟 H 疊合

(5) 學生上台操作，可能發現原先判斷有誤。

7. 教師視需要，邀請其他組同學評析或補充其他操作方式。必要時，教師再次示範平移、旋轉、翻轉等操作。

8. 分別以上述找到的全等圖形為例，教師邊操作疊合兩圖卡，邊說明：把兩個全等圖形疊在一起時，可以疊合的頂點稱為對應頂點；可以疊合的邊，稱為對應邊；可以疊合的角，稱為對應角。

9. 分別以上述找到的全等圖形為例,將兩圖卡以不同方位擺放,請學生找出對應頂點、對應角和對應邊,並說明心中的操作。若學生心中想像有困難時,可實際操作圖卡。

教學評量:

1. 給學生一堆圖卡,請學生從中找出指定圖形的全等圖形,並找出對應頂點、對應角和對應邊。

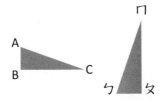

1. 教師將兩全等圖卡以不同方位擺放,請學生找出對應頂點、對應角和對應邊,並說明心中的操作。

2. 教師將兩全等圖卡以不同方位擺放,給定其中一圖卡的邊長與角度,請學生找出另一圖卡的對應邊長與對應角度。

註:

1. 教師應尊重學生在包裝紙上找到的基本元件,只要學生能合理說明即可;並說明顏色不影響全等圖形的判斷。

2. 教師可將兩全等圖卡以各種不同方位擺放,讓學生發現對應頂點、對應角和對應邊是不變的。若學生心中想像平移、旋轉、翻轉等操作有困難時,可實際操作圖卡。亦可引導學生嘗試使用不同的操作方式。

📖 學習表現 s-II-4 教學活動

　　智慧片具有容易拆解與組裝的特性,在進行立體圖形的展開圖活動時,可以讓學生透過多次的展開及組裝正方體的操作,建立學生平面與空間的概念,並思考正方體展開圖與立體形體的關係。

學習表現：s-II-4 在活動中，認識幾何概念的應用，如旋轉角、展開圖與空間形體。

學習目標：由智慧片操作中，體驗正方體的拆解與組裝歷程，察覺正方體有不同的展開圖。

核心素養：數-E-A1
具備喜歡數學、對數學世界好奇、有積極主動的學習態度，並能將數學語言運用於日常生活中。

數-E-A2
具備基本的算術操作能力、並能指認基本的形體與相對關係，在日常生活情境中，用數學表述與解決問題。

數-E-B1
具備日常語言與數字及算術符號之間的轉換能力，並能熟練操作日常使用之度量衡及時間，認識日常經驗中的幾何形體，並能以符號表示公式。

數-E-B3
具備感受藝術作品中的數學形體或式樣的素養。

數-E-C1
具備從證據討論事情，以及和他人有條理溝通的態度。

數-E-C2
樂於與他人合作解決問題並尊重不同的問題解決想法。

教學準備：每位學生需要一包智慧片（包含 6 個面、12 條邊）、記錄紙。

教學設定：個人操作，小組討論。以 3~4 個人為一組，每人皆需體驗操作歷程，再透過小組、全班分享彼此作法。

教學活動設計：

（一）正方體製作

1. 教師拿出如下圖組裝好的正方體，請學生用智慧片組裝一個跟它一樣的正方體。

　操作提醒：

(1) 黑色的扣條是連接兩個面。

(2) 每個面的顏色不影響結果。

（二）經驗正方體拆解歷程，並介紹展開圖

1. 教師請學生將正方體拆解，讓展開後的面必須連在一起，並且可以攤平放在桌上，
   請學生相互檢查操作的結果是否正確。

2. 教師宣告如上圖的圖形稱為正方體的展開圖。

（三）記錄展開圖，並判斷是否重複

1. 教師利用方格紙示範展開圖之記錄方式

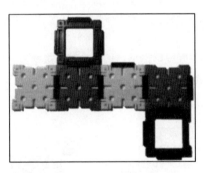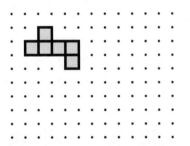

2. 教師呈現下圖，詢問學生這兩種展開圖是否是同一個正方體的展開圖，請學生用智
   慧片做做看，並發表操作後的結果。

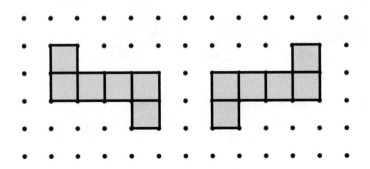

學生可能回答：相同，因為將圖一上下翻轉，就能得到圖二。

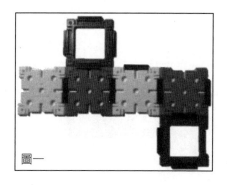

圖一

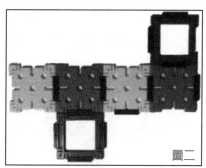

圖二

3. 教師總結正方體展開圖的畫法不只一種，看起來不一樣，但是組合後，視同一個形體。

（四）將正方體拆解成各種不同的展開圖，並記錄下來

1. 教師請學生猜猜看正方體的展開圖有幾種（此問話僅限於猜測，並加強展開圖個數不唯一的印象，並非要知道展開圖的實際個數），並請學生畫出可以想到的各種正方體的展開圖。

2. 教師請學生分享展開圖繪製紀錄，請台下同學用智慧片檢查是否有重複或錯誤。並請台下補充尚未發表展開圖，並請全班用智慧片檢查是否正確。

參考資料：正方體的 11 種展開圖

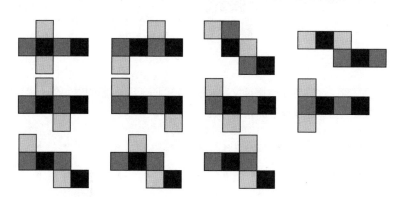

教學評量：

1. 透過操作找到的展開圖，能完整、正確地記錄在紙上。

2. 老師在台上呈現六方連塊圖卡，讓學生用百立智慧片組裝並驗證是否為正方體的展開圖。

註：
1. 教師執行此活動時，不需強調展開圖的所有作法，而讓學生發表作法，再進行討論。
2. 智慧片中空是協助學生組裝方便，可提醒學生其不影響操作判斷。

三 學習表現 s-III-2 教學活動

　　現階段圓周率的教學活動多半讓學生自行測量圓柱體的直徑和圓周長後，計算圓周長與直徑的比值，對於為何需要測量圓周長的原因著墨不多，且若學生自行測量後的誤差大，在計算圓周長與直徑的比值，無法說服學生圓周率是定值，大約是 3.14，故本活動先透過生活情境（車子里程表）引發學生興趣，再透過較為精準的測量方式，引導學生理解圓周率。

學習表現：s-III-2 認識圓周率的意義，理解圓面積、圓周長、扇形面積與弧長之計算方式。

教學目標：透過實測活動，認識圓周長與直徑的比值叫作圓周率。

具體目標：能實際測出圓的直徑及圓周的長度，並理解不論圓的大小為何，圓周長和直徑的比值不變，圓周長大約是直徑的 3.14 倍。

核心素養：數-E-A1
具備喜歡數學、對數學世界好奇、有積極主動的學習態度，並能將數學語言運用於日常生活中。

數-E-A2
具備基本的算術操作能力、並能指認基本的形體與相對關係，在日常生活情境中，用數學表述與解決問題。

數-E-A3
能觀察出日常生活問題和數學的關聯，並能嘗試與擬訂解決問題的計畫。在解決問題之後，能轉化數學解答於日常生活的應用。

數-E-B1
具備日常語言與數字及算術符號之間的轉換能力，並能熟練操作日常使用之度量衡及時間，認識日常經驗中的幾何形體，並能以符號表示公式。

數-E-C1
具備從證據討論事情，以及和他人有條理溝通的態度。

數-E-C2

樂於與他人合作解決問題並尊重不同的問題解決想法。

教學準備：每位學生需要各類圓柱體物件（註1）、直尺，一組三角板、紙膠帶、比物件圓周長還長的白紙，計算機。

教學設定：建議3~4人一組。

教學活動設計：

1. 教師詢問是否看過汽機車上的里程表，詢問學生里程表上的距離，在不可能直接測量的情況下，是怎麼算出來的。

   學生可能回應：

   (1) 大概猜猜。

   (2) 看車速快慢。

   (3) 看輪子轉一圈有多長。

   (4) 其他。

2. 教師拿出車輪的尺寸標示，提問，輪胎通常只標示直徑，要怎麼知道轉一圈有多遠？（註2）

   學生自由回答。

3. 教師詢問：有可能知道直徑就知道圓周長嗎？

   學生自由回答。

4. 教師詢問學生：圓周長大約是直徑的多少倍？每個圓都一樣嗎？請學生拿出準備的圓柱體，自行在紙上操作圓直徑和圓周長的關係，得到圓周長大約是直徑的3~4倍之間。

5. 教師詢問學生：有辦法確定所有的圓周長一定小於直徑的 4 倍嗎？

　　學生自由回答。

6. 教師詢問：學過的哪一個圖形中，哪一個圖形的周長和 4 倍有關？（正方形）如果拿一個圓，和一個邊長跟圓的直徑一樣的正方形疊在一起，你會看到什麼？

　　先讓學生自由回答後，教師在拿出下圖，讓學生看見圓周長比正方形周長短，因此圓周長一定比直徑的 4 倍短。

7. 教師詢問學生，剛剛所有的圓周長都在直徑的 3~4 倍之間，有可能是一定的數值嗎？

　　學生自由回答：可能或不可能。

8. 教師請學生拿出準備好的圓柱體，問學生要怎麼精準地找出直徑和圓周長，愈精準愈好。

　　學生可能回應：

　　(1) 直徑

　　　　(a) 用尺量（教師回應：尺要放在哪裡？你怎麼知道什麼時候是直徑？）。

　　　　(b) 描下來對折再量（教師回應：描下來的圓形和圓柱體的底面真的一樣大嗎？描的時候，筆和物件中間會有空間，怎麼辦？）。

　　　　此時，教師可以提示今天攜帶的物件有直尺和一組三角板，如何用這些物件量直徑。希望學生能想出下面的方法：

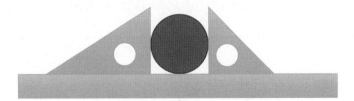

　　(2) 圓周長

　　　　① 用繩子圍柱體一圈再量（教師回應：繩子拉長和放平的時候，一定會一樣長嗎？）。

② 用皮尺量（現在沒有皮尺，但是有紙膠帶）。

③ 在圓柱體的底面上做記號，滾一圈後再量。

9. 此時，教師可以視需要指導學生：

(1) 在圓柱體的底面用紙膠帶作上記號（為了測量的精準度，建議裁剪多餘的紙膠帶）。

(2) 為了避免滾動時歪掉，可以先在紙上畫一條直線，將圓柱體延著直線滾動。

10. 學生操作測量圓直徑和圓周長，並做紀錄。

11. 教師提問：剛剛已經知道圓周長大約是直徑的 3~4 倍，現在，要怎麼做才能找出來圓周長真正是直徑的幾倍？

希望學生的答案是圓周長÷直徑。

12. 學生利用計算機處理各組所測的的資料，計算圓周長÷直徑的結果。如果沒有太大的測量誤差，各組應該都會計算出大約 3.14 的值（第三位小數四捨五入到第二位），可接受的範圍為 3.13~3.15。若學生的計算結果不是在此範圍內，教師需檢查該組學生的直徑與圓周長之測量結果。

13. 各組分享計算及測量結果。

14. 教師宣告圓周長和直徑的關係，不管圓的大小，圓周長大約是直徑的 3.14 倍，這個倍數關係稱之為「圓周率」，寫成算式可以得到「圓周長＝直徑 ×3.14」。

教學評量：

請學生交換帶來的圓柱體，

1. 測量圓柱體的直徑，利用計算出周長後，與原組別測量之結果進行比較。

2. 測量另一圓柱體的周長，利用計算出圓柱體底面直徑後，與原組別測量之結果進行比較。

註：

1. 為避免測量誤差，教師需注意學生準備的物品為直圓柱，若是水杯或水壺底部有圓弧內凹設計，則不適合在此活動使用。

2. 雖然輪胎的直徑標示所指為輪框的直徑，而非輪胎的直徑，且其單位為英寸而非公分，但在此處只為情境建立，並無須認真加以討論。

四 學習表現 s-III-3 教學活動

　　球雖然是生活中常見的物體，但認識球體的屬性無法透過圖象學習。本活動透過生活常見的柳丁片裝飾，引出球體切割後的圖形，並透過實作，增加學生對球體的認識。

學習表現：s-III-3 從操作活動，理解空間中面與面的關係與簡單立體形體性質。

教學目標：透過實作活動，認識球。

具體目標：能透過觀察操作，認識 (1) 球心、(2) 半徑、(3) 過球心之任何截面的截痕都是以球心為圓心，球的半徑長為圓的半徑長所成的圓，及 (4) 球的任何截面截痕都是圓，但半徑不一定等於球半徑。

核心素養：數-E-A1

具備喜歡數學、對數學世界好奇、有積極主動的學習態度，並能將數學語言運用於日常生活中。

數-E-A2

具備基本的算術操作能力、並能指認基本的形體與相對關係，在日常生活情境中，用數學表述與解決問題。

數-E-A3

能觀察出日常生活問題和數學的關聯，並能嘗試與擬訂解決問題的計畫。在解決問題之後，能轉化數學解答於日常生活的應用。

數-E-B1

具備日常語言與數字及算術符號之間的轉換能力，並能熟練操作日常使用之度量衡及時間，認識日常經驗中的幾何形體，並能以符號表示公式。

數-E-C1

具備從證據討論事情，以及和他人有條理溝通的態度。

數-E-C2

樂於與他人合作解決問題並尊重不同的問題解決想法。

教學準備：每組學生需要不同大小的保麗龍球數個，保麗龍切割器一個；教師除了保麗龍球與切割器外，需要準備大小差不多的柳丁數個（柳丁儘量選接近圓形的），水果刀，砧板。

教學設定：建議 3~4 人一組。

教學活動設計：

1. 教師詢問學生：平常切柳丁的方式。

   學生自由回答。

2. 教師詢問學生：是否看過下圖的切法。

若學生回答沒有，教師可以暗示可能可以看到的地方，如水果茶，宴席擺盤等。

3. 教師詢問學生：這樣切的柳丁看起來像是什麼形狀？每片都一樣大嗎？

    學生回答：圓形，不一樣大。

4. 教師詢問：現在需要看起來愈大愈好的一片柳丁片作為裝飾（前提是師傅的刀工很好，每片都一樣厚），要怎麼切？

    學生自由回答。

5. 教師拿出柳丁，請學生發表切法，教師依照學生的切法操作，再討論這種切法是否可以切出最大的一片。此時，學生應可以感受將柳丁平分，對切成一半，可以切出看起來最大的一片。

6. 教師詢問：切柳丁時，如果沒有注意蒂頭的位置，直接從正中間切開，這時候看到的面的大小和之前的切法所看到的大小會一樣嗎？形狀會一樣嗎？

學生應可以回答大小一樣，形狀一樣。

7. 教師詢問：此時看到的形狀（圓形）。

8. 學生操作，找出保麗龍球最大的截面。

    (1) 各組拿出保麗龍球和切割器（每組的保麗龍大小要相同），自行嘗試將球裁成一半，呈現最大的圓。

    (2) 和其他組別的成品比較，看看各組裁出來的圓的大小是否相同。

9. 教師統整各組裁切結果，將球從中平分後，切割面會呈現圓形，並且是從這個球可以裁出來的最大的面。

10. 教師複習圓心、半徑,並要學生找出切割面的圓心和半徑,強調半徑的特性(圓心到圓周上,每個點的距離都相等)。

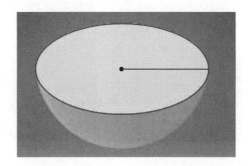

11. 教師詢問:剛剛在切面上找到的圓心,到球上的其他點的距離,比剛剛找到的半徑長或短?還是可能一樣?
    學生應可以回答:剛剛切割時,球為任意擺放,所以不管怎麼切,找到的半徑都會一樣。

12. 教師詢問學生:有辦法確定嗎?
    學生自由回答。

13. 請學生嘗試將剛剛的一個 $\frac{1}{2}$ 球切成 $\frac{1}{4}$ 球,再將其中一個 $\frac{1}{4}$ 球切成 $\frac{1}{8}$ 球,另一個 $\frac{1}{2}$ 球則可通過截面圓心,任意切割。切割後測量並記錄截面圓心到球的距離(切割後的形成的邊的長度)。

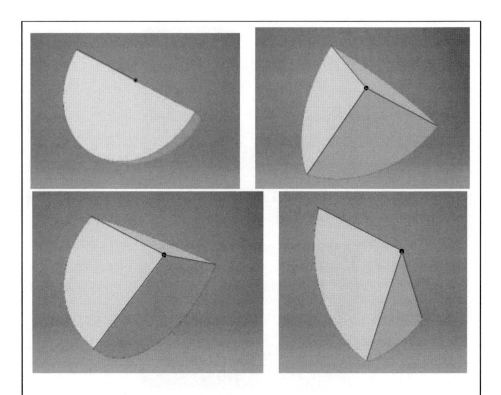

14. 學生分享切割後的形體及測量的結果。

    由於此時各組所使用的保麗龍球大小相同，故測量的邊的長度亦應相同。若有差異太大的數據出現，教師檢視學生切割是否通過圓心，及測量是否準確。

15. 請學生拿出另外 2 個保麗龍球，重複操作剛剛的過程，檢視最大切面的圓位置，標示此圓的圓心，及測量此圓心到球上任意點的距離。

16. 學生分享操作後的結果。

17. 教師宣告，最大截面的圓的圓心即為球的「球心」，球心到球上的任意一個點的連線稱「半徑」（和圓一樣），球的半徑都等長（球心到球上的任意一個點的距離都相等）。

18. 教師詢問：如果切割時沒有通過球心，此時截面是什麼形狀？

    透過切柳丁的活動，學生應可以回答：圓形。

19. 此時截面的半徑和球的半徑哪一段比較長？

    透過切柳丁的活動，學生應可以回答：球的半徑比較長。

20. 請學生拿出二個一樣大的保麗龍球，一個通過球心切成二個半圓，另一個隨意切割，找出二個截面的圓心和半徑，比較二個半徑的大小。

21. 教師統整學生操作結果，球的任何截面截痕都是圓，但半徑不一定等於球半徑。

教學評量：

1. 詢問球心的位置、性質。

2. 詢問過球心的截面形狀。

3. 詢問球的任意截面形狀。

4. 詢問若要截面面積最大，這個截面有什麼特性。

註：

1. 為了避免學生操作失誤，教師最好有額外的保麗龍球備用。

2. 若無保麗龍切割器，也可用美工刀，但美工刀較不易切割保麗龍球，截面可能並非漂亮平整的圓形，且須提醒學生注意操作安全。

第四節　教學活動設計 —— 由故事情境引入

　　學生的舊經驗或生活經驗不一定能與即將學習的數學概念直接連結，此時可透過他人的生活情境（即故事情境）引入，透過解決他人的問題引出學習的必要性。

■ 學習表現 s-II-3 教學活動

　　由於相同顏色的扣條長度相同，本活動以扣條引入，透過觀察邊的顏色認識正三角形和等腰三角形。其次再依邊長關係進行圖卡的分類活動，透過角度的測量，認識正三角形和等腰三角形的關係。最後再依角度關係對圖卡重新分類，以認識直角、鈍角、銳角三角形。

學習表現：s-II-3 透過平面圖形的構成要素，認識常見三角形、常見四邊形與圓。

學習目標：能由扣條操作與圖卡測量，理解正三角形、等腰三角形、直角三角形、銳角三角形、鈍角三角形。

核心素養：數-E-A1

　　　　　具備喜歡數學、對數學世界好奇、有積極主動的學習態度，並能將數學語言運用於日常生活中。

> 數-E-A2
>
> 具備基本的算術操作能力、並能指認基本的形體與相對關係，在日常生活情境中，用數學表述與解決問題。
>
> 數-E-A3
>
> 能觀察出日常生活問題和數學的關聯，並能嘗試與擬訂解決問題的計畫。在解決問題之後，能轉化數學解答於日常生活的應用。
>
> 數-E-B1
>
> 具備日常語言與數字及算術符號之間的轉換能力，並能熟練操作日常使用之度量衡及時間，認識日常經驗中的幾何形體，並能以符號表示公式。
>
> 數-E-C1
>
> 具備從證據討論事情，以及和他人有條理溝通的態度。
>
> 數-E-C2
>
> 樂於與他人合作解決問題並尊重不同的問題解決想法。
>
> 教學準備：每位學生需要一份完整扣條一包、一張羊圖、量角器、直尺
>
> 教學設定：個人操作，小組討論。以 3~4 個人為一組，每人皆需體驗操作歷程，再透過小組與全班分享彼此作法。
>
> 教學活動設計：
>
> **（一）封閉圖形操作活動**
>
> 1. 問題情境：「牧場的小羊逃出圍籬，為了防止小羊繼續逃跑，請用手邊的扣條幫忙將小羊圍住。」
>
> 教師請學生在紙上利用扣條將羊圍住（同一種顏色扣條的長度相同，不同顏色的扣條長度不同）。
>
> 學生可能的作法：
>
> (1) 使用三條長度相同的扣條將羊圍住　(2) 使用兩條長度相同的扣條將羊圍住
>
> 　　（正三角形）　　　　　　　　　　　　（等腰三角形）

(3) 使用三條長度皆不同的扣條將羊圍住

(4) 使用四、五⋯⋯邊形將羊圍住（長短可能不一）

2. 教師詢問學生使用的扣條數量，討論最少需要多少條扣條才能圍住小羊，圍成了什麼形狀。

  學生可能回答：「三條，三角形。」

3. 教師利用提問，複習三角形頂點、邊、角的個數。

  學生應能回答三角形有三個頂點、三個邊、三個角。

4. 教師請各組利用手邊扣條，做出各種形狀大小各異的三角形，並展示各組成果。

  學生可能的作品：（舉例）

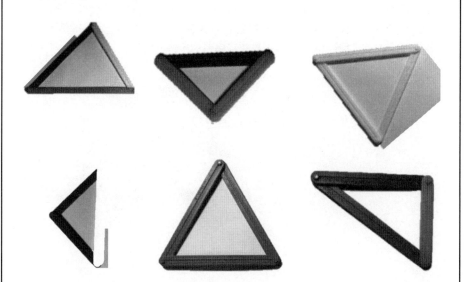

（二）利用邊長關係，認識正三角形與等腰三角形

1. 教師請學生將剛剛製作的三角形，依照「三條邊一樣長」、「兩條邊一樣長」和「三條邊皆不一樣長」進行分類，並請學生分享分類結果。

學生可能的分類結果：（舉例）

三條邊一樣長	兩條邊一樣長	三條邊皆不同
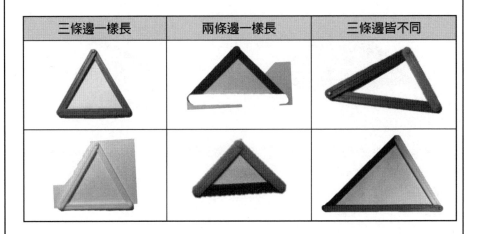		

2. 教師宣告
   (1) 三條邊都一樣長的三角形叫作等邊三角形，也叫作正三角形。
   (2) 兩條邊相等的三角形，叫作等腰三角形。
3. 教師發給各組一套包含各種三角形的圖卡，請學生從圖卡中找出正三角形和等腰三角形，並說明如何得知這幾個圖形是正三角形／等腰三角形。

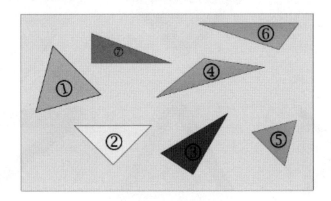

學生可能的作法：
(1) 將每個三角形的邊長都測量出來，發現：
   三個邊一樣長的正三角形有：①、⑤
   兩個邊一樣長的等腰三角形有：②、④

(2) 將三角形圖卡對折，比較每個邊的長度，發現：

三個邊一樣長的正三角形有：①、⑤

兩個邊一樣長的等腰三角形有：②、④

（三）認識正三角形的角度關係

1. 教師布題：「請利用量角器測量或對折圖卡，觀察圖卡①正三
   角形的三個角的大小關係，並請學生發表。

   學生可能的回答：

   (1) 正三角形的三個角，都一樣大且每個角量起來都是 60 度。

   (2) 對折圖卡，發現角彼此重疊，每個角都一樣大。

   (3) 兩個大小不同正三角形的角都可以彼此疊合，兩個正三角形每個角都一樣大。

2. 教師宣告像圖卡①，三個邊都一樣長，三個角也一樣大的三角形稱為「正三角
   形」，正三角形的三個角都是 60°。

（四）認識等腰三角形的角度關係

1. 教師請學生利用量角器測量或對折圖卡，觀察圖卡②
   等腰三角形的三個角的關係，並請學生發表。

   學生可能的回答：

   (1) 等腰三角形都有兩個角的大小一樣

   (2) 對折圖卡，發現有兩個角可以完全重疊，那兩個角一樣大。

2. 教師宣告像圖卡②，有二個邊一樣長，有二個角一樣大的三角形稱為「等腰三角形」。

3. 教師宣告等腰三角形中，兩條一樣長的邊叫作腰，剩下的一邊叫作底邊。兩個一樣
   大的角叫作底角，另一個角叫作頂角。

（五）依角度關係重新分類，並認識直角、鈍角、銳角三角形

1. 教師請小組將所有圖卡重新依照「一個直角、兩個銳角」、「一個鈍角、兩個銳
   角」和「三個銳角」加以分類，並分享各組分類結果。

   學生可能的分類結果：

一個直角、兩個銳角	②、⑦
一個鈍角、兩個銳角	④、⑥
三個銳角	①、③

2. 教師宣告：三角形中有一個角是直角的三角形，稱為直角三角形；有一個角是鈍角的三角形，稱為鈍角三角形；三個都是銳角的三角形，稱為銳角三角形。

教學評量：

1. 透過抽籤，請學生用扣條製做出指定的圖形（正三角形、等腰三角形、直角三角形、鈍角三角形和銳角三角形）。小組同學相互檢視。

2. 教師給定新的圖卡，讓學生依序邊的長短關係或角的大小進行分類。

註：

此活動不須特別強調正三角形是不是等腰三角形的等價關係。

🔲 學習表現 s-III-4 教學活動

　　柱體的體積是透過底面積乘以高來計算，但對於此公式背後的原因並未仔細處理，導致大部分學生誤以為面積乘以高會變成體積。本活動透過長方體堆疊的情境，引導學生以逐層堆疊的方式理解柱體的構成，進而發展出柱體體積公式。

學習表現：s-III-4、理解角柱（含正方體、長方體）與圓柱的體積與表面積的計算方式。

學習目標：能用逐層堆疊的方式看待柱體，以單層（高度 1）的體積為單位，乘以層數而得柱體的體積，並從運算式歸納出柱體體積可以「底面積」×「高」求得。

核心素養：數-E-A1

具備喜歡數學、對數學世界好奇、有積極主動的學習態度，並能將數學語言運用於日常生活中。

數-E-A2

具備基本的算術操作能力、並能指認基本的形體與相對關係，在日常生活情境中，用數學表述與解決問題。

數-E-A3

能觀察出日常生活問題和數學的關聯，並能嘗試與擬訂解決問題的計畫。
在解決問題之後，能轉化數學解答於日常生活的應用。

數-E-B1

具備日常語言與數字及算術符號之間的轉換能力，並能熟練操作日常使用
之度量衡及時間，認識日常經驗中的幾何形體，並能以符號表示公式。

數-E-C1

具備從證據討論事情，以及和他人有條理溝通的態度。

數-E-C2

樂於與他人合作解決問題並尊重不同的問題解決想法。

教學準備：1 公分邊長的正方體積木、示意圖卡（或可塑黏土與透明平方公分格板）、
附件（參 74 頁）。

教學設定：建議為至少 3 人的小組活動。

教學活動設計：

（一）求出長方體堆疊的總數，並列出算式

1. 教師布題

問題情境：

校外教學來到巧克力工廠，除了試吃不同口味的巧克力以
及彩繪巧克力外，導覽大姐姐還帶大家參觀並說明製作巧
克力的過程。

參觀倉庫時，牆邊堆放著整齊排列的紙箱（如右圖）。

導覽大姊姊問：「小朋友，你們知道這裡總共有幾個
紙箱嗎？你們可以用比較快的方法算，而不是一個一
個數嗎？」

小明說：「從這一面看，它們分成前後兩面，每一面都有 5×7 個，2 面總共有
$5 \times 7 \times 2 = 70$ 個。」

2. 教師詢問學生小明的說法是否正確，請學生發表自己的想法，並像小明一樣列出算
式。

學生可能回答：

(1) 從側面看，每一排面有 2×7 個，共有 5 個排面，所以總共有 $2 \times 7 \times 5 = 70$ 個。

(2) 他們是一層一層疊上去的，每一層都是 5×2 個，共有 7 層，總共有 $5 \times 2 \times 7 = 70$ 個。

（二）求出非長方體堆疊的總數，並列出算式

1. 教師布題

問題情境：工廠販售包裝精美的巧克力禮盒，盒面是正三角形，展示台上整齊堆著

準備出售的禮盒（如右圖）。這裡總共有幾個禮盒？請列出你的算式。

預期學生回答：

每一層有 12 個，共有 4 層，總共有 12×4 = 48 個。

學生可能錯誤，需要老師提醒檢驗算式的合理性：

(1) 2×4×4 = 32 個

(2) 2×4×2 = 16 個

2. 教師詢問學生：如果要算出一層一層整齊堆疊的物品總共有幾個，可以用什麼算式表示？

	×	

預期學生回答：

(1) 每一層的個數 × 總共有幾層

(2) 每一層的數量 × 層數

3. 教師請各組學生分享自己的發現，並以前兩個例子檢驗算式是否正確。

學生可能的困難：

無法以精確的語言表達，需要老師轉譯學生的想法成較精確的語言。

（三）發展常見角柱體的體積公式

1. 教師引導式布題

五年級的時候，我們學過長方體的體積。如右圖長、寬、高分別為 8、3、7 的長方體，我們可以用 1 立方公分的小積木堆出來。每一層有 8×3 個小積木，總共有 7 層，因此可以用 8×3×7 個小積木堆出來，也就是說它的體積是 8×3×7 立方公分。

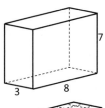

（備註：此段落為五年級長方體積公式的複習，老師可以用自己的方式進行，重點在引出體積是層層堆疊的想法，無須強行歸結到長 × 寬 × 高的結果。）

如果有一個如右圖的三角柱，底面是底為 5、高為 3 的三角形，柱體的高是 4，我們要如何求出它的體積呢？

這個三角柱可以想成是一層一層堆疊起來的嗎？每一層是什麼形狀？預期學生回答：

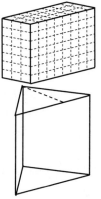

(1) 可以想成是矮的三角柱堆起來的，每一層都是底 5 高 3 厚度 1 的三角柱。

(2) 可以想成是小三角柱堆起來的，底面是 5×3 的三角形。

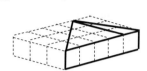

2. 小三角柱每一層的體積是多少呢？將它畫在立方公分柱的格圖上，想想要如何算，說說看，為什麼可以這樣算？

預期學生回答：

(1) 將底面的三角形切割拼湊成長方形。

(2) 三角柱的體積是長方體體積的一半。

3. 原來三角柱的體積是多少呢？寫下你的算式，並說出算式中每一個數字的意義。

預期學生回答：

(1) (5×3)÷2×4，或 (5×3×4)÷2

(2) 5 和 3 是底面三角形的底和高，4 是三角柱的高，÷2 是一半。

4. 說說看，三角柱體積的算式，和底面三角形面積的算式，哪裡一樣，那個算式代表什麼意思？

預期學生回答：

都有 5×3÷2，代表底面三角形的面積

三角柱體積的算式，可以寫成 ⬚ × ⬚ 。

預期學生回答：

底面三角形的面積 × 三角柱的高

5. 教師布題

以下是一些柱體，利用前面的方法做做看，如何求這些柱體的體積？將想法和算式寫下來。

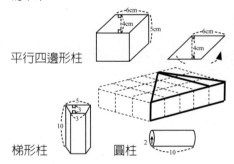

平行四邊形柱

梯形柱　　圓柱

6. 教師提問

綜合上面的例子，柱體體積的算式，如何用底面圖形的面積和柱體的高表示？

⬚ × ⬚ 。

預期學生回答：

(1) 底面圖形的面積 × 柱體的高。

(2) 底面積 × 高。

7. 教師請各組學生分享自己的發現，並用前面做過的例子解釋並驗證。教師可以視需要，邀請其他組同學評析或補充。

8. 教師總結柱體體積＝底面積 × 高。

9. 教師以課本問題提問，讓學生練習使用柱體體積公式。

教學評量

1. 教師舉出一個柱體，請學生用層層堆疊的方式說明，柱體如何構成。

2. 教師舉出一個柱體，請學生指出底面性狀與重要長度，和柱體的高。

3. 教師舉出一個柱體，請學生求出體積。

4. 教師以課本推理問題提問。

註：

1. 活動（三）、發展常見角柱的體積公式的一開始是五年級長方體積公式的複習，老師可以用自己的方式進行，重點在引出體積是層層堆疊的想法，無須強行歸結到長 × 寬 × 高的結果。

2. 長方體的層層堆疊在三種視角上，都可以解釋並求出體積，但其他形體則沒有那麼好的特性，因此活動（三）應提供較充裕的時間讓學生具體操作，避免只是長方體公式的直接轉譯。

3. 若能提供不同柱體的模型或積木給學生操作，有助於辨識底面和高的位置，也有助於從平面的圖形上判斷底面和高的位置。

三 學習表現 s-III-5 教學活動

　　本活動透過以三角形拚鋪成邊條的情境，引導學生發現三角形的三內角可以拼成一直線，進而發展成三角形內角和性質。

學習表現：s-III-5、以簡單推理，理解幾何形體的性質。

學習目標：透過各種三角形的拚鋪，發現任意三角形的內角均可拚成平角，進而以角
度描述此規律（三角形內角和為 180 度）。

核心素養：數-E-A1

具備喜歡數學、對數學世界好奇、有積極主動的學習態度，並能將數學語
言運用於日常生活中。

數-E-A2

具備基本的算術操作能力、並能指認基本的形體與相對關係，在日常生活
情境中，用數學表述與解決問題。

數-E-A3

能觀察出日常生活問題和數學的關聯，並能嘗試與擬訂解決問題的計畫。
在解決問題之後，能轉化數學解答於日常生活的應用。

數-E-B1

具備日常語言與數字及算術符號之間的轉換能力，並能熟練操作日常使用
之度量衡及時間，認識日常經驗中的幾何形體，並能以符號表示公式。

數-E-C1

具備從證據討論事情，以及和他人有條理溝通的態度。

數-E-C2

樂於與他人合作解決問題並尊重不同的問題解決想法。

教學準備：每位學生需要各類三角形圖卡（或扣條組成三角形）各一個，角上有標記
（例如：標記 A、B、C；甲、乙、丙；1、2、3 或不同的記號）、附件。

教學設定：建議為至少 3 人的小組活動，每組的各類三角形至少各三個。

教學活動設計：

（一）找出哪一種三角形可以拚成「邊條」

1. 教師布題

老師想要用同一個三角形的圖卡，貼在布告欄底邊，成為盡量貼滿的邊條。

小英說：我看過類似的圖案，正三角形可以拼成一個長條，像這樣。

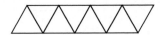

小豪說：兩個直角三角形可以拼成一個長方形，所以直角三角形也可以。

2. 教師提問：除了正三角形和直角三角形，其他的三角形可以嗎？為什麼？

   學生可能回答：

   (1) 等腰三角形也可以。

   (2) 銳角（非正或等腰）不可以，因為兩邊斜得不一樣……。

   (3) 鈍角（非等腰）不可以，因為這邊（小銳角）會伸出去……。

3. 教師請同學用圖卡拚拚看，等腰三角形可以嗎？銳角三角形可以嗎？鈍角三角形可以嗎？說說看你／妳的發現。

   學生可能問題，需要老師說明拚鋪規則：

   (1) 使用不同的三角形拚鋪。

   (2) 沒有考慮到三角形可以旋轉。

   (3) 只拚了底邊，沒有將兩三角形間的空隙拚滿。

   (4) 三角形沒有等長邊相拚，或將三角形重疊。

4. 教師請各組學生分享自己的發現，並將拚鋪的方式以大圖卡或畫圖表示。學生發表後，請其他組用圖卡實際操作看看，確認可以拼出邊條。教師可以視需要，邀請其他組同學評析或補充。

5. 教師總結：每一種三角形都可以拚成邊條。

   （二）觀察及描述邊條拚接處角的特徵，再轉換成以角度關係表達

1. 教師提問：觀察三角形拚成邊條時，接在一起的地方（標示三內角共頂點處），這裡有三個角拚成一條直線。想想看，這三個角分別是原來三角形上的哪個角？有沒有重複出現的角？

   預期學生回答：

   (1) 就是原來三角形的三個角。

   (2) 每一個角用到一次，沒有重複。

2. 教師請各組學生分享自己的發現，並將拚鋪的方式以大圖卡或畫圖說明。教師可將學生的正確說法。以較正式的語詞與語法轉述。

3. 教師提問：每一個三角形都有三個角，剛剛我們發現的這件事，用下面的方式可以怎麼說？

   每一個三角形的三個角（拼起來）☐☐☐☐☐☐。

   預期學生回答：

   (1) 拼成一條線。

   (2) 拼出平角。

4. 教師提問：三角形的每一個角都有各自的角度，剛剛我們發現的這件事，如果用角度來說，可以怎麼說？

每一個三角形的三個角度（加起來） _____ 。

預期學生回答：

(1) 合起來是平角。

(2) 相加 180 度。

5. 教師總結：每一個三角形的三個角加起來都是 180 度。

6. 教師以課本推理問題（下面指定的角是幾度）提問。

教學評量：

1. 教師舉出另一個三角形，請學生拚成邊條。

2. 教師舉出一個有角標記的三角形，請學生用其標記說出三角形的內角性質。

3. 教師以課本推理問題提問（下面指定的角是幾度）。

註：

1. 課本命名的三角形有正三角形、等腰三角形、（等腰）直角三角形、銳角三角形與鈍角三角形等，為了讓學生操作的心像穩固，每一種三角形盡量有 2~3 種不同角度的配置，以產生較大的例子空間。

2. 雖然圖形的數量可能較大，但教師在分組任務中，給予各組不同的圖形組合（例如：不同組給不同角度的銳角三角形，或不同組給不同種類的三角形）進行活動，透過各組的成果發表來完成整個操作活動。

3. 「拚成邊條」—「觀察角的拚鋪特徵（成一線）」—「描述角度規律（角度和是 180度）」是三個不同層次的活動，後二者分別需要關注焦點（拚接處的角關係）以及度量化（以角度表示關係）的引導。

四 學習表現 s-III-6 教學活動

本活動透過線對稱聖誕樹剪紙的情境，引導學生從操作與視覺推理形成線對稱圖形的概念與性質，進而用以判別及繪製線對稱圖形。

學習表現：s-III-6、認識線對稱的意義與其推論。

學習目標：透過操作察覺線對稱的現象，以視覺判斷兩圖形是否為線對稱圖形，認識線對稱圖形以對稱軸為基準的對應點、對應邊，並察覺對應點至對稱軸等距、對應邊等長。

核心素養：數-E-A1
　　　具備喜歡數學、對數學世界好奇、有積極主動的學習態度，並能將數學語言運用於日常生活中。
　　　數-E-A2
　　　具備基本的算術操作能力、並能指認基本的形體與相對關係，在日常生活情境中，用數學表述與解決問題。
　　　數-E-A3
　　　能觀察出日常生活問題和數學的關聯，並能嘗試與擬訂解決問題的計畫。在解決問題之後，能轉化數學解答於日常生活的應用。
　　　數-E-B1
　　　具備日常語言與數字及算術符號之間的轉換能力，並能熟練操作日常使用之度量衡及時間，認識日常經驗中的幾何形體，並能以符號表示公式。
　　　數-E-B3
　　　具備感受藝術作品中的數學形體或式樣的素養。
　　　數-E-C1
　　　具備從證據討論事情，以及和他人有條理溝通的態度。
　　　數-E-C2
　　　樂於與他人合作解決問題並尊重不同的問題解決想法。

教學準備：聖誕樹圖紙（卡）、直尺、附件。

教學設定：建議為至少 3 人的小組活動。

教學活動設計：

（一）如何剪出線對稱圖形

1. 教師布題

　　聖誕節到了，老師想要用小聖誕樹的剪紙做成布告欄的邊條（如附件 76 頁圖），請小朋友幫忙剪出來。小聖誕樹的圖樣如右圖。

　　小英把圖樣畫在紙上，剪了幾個，說：「兩邊要一樣，好難剪，我剪出來都歪歪的。」
　　小豪說：「妳把紙對摺起來，在摺線那裡畫一半的圖再剪，打開來，兩邊就會一樣了。」

2. 教師請學生用小豪的說法做做看，然後觀察所剪出來的圖形，是不是兩邊一樣。

3. 要學生將摺痕畫在剪出來的圖形上，觀察被摺痕分成兩邊的圖形，說說看，發現了什麼。

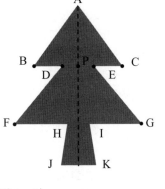

預期學生回答：

(1) 兩邊圖形一樣。

(2) 這裡跟這裡（圖形尖點）到摺痕距離一樣。

(3) 這邊跟這邊（圖形側邊）長度一樣。

4. 教師提問：我們把圖形作上標號，剛剛同學發現的
   邊跟邊一樣長，用標號怎麼表示？（註 1）

   預期學生回答：

   (1) $AB = AC$、$DF = EG$、$HJ = IK$

   (2) $BD = CE$、$FH = IG$、$HJ = IK$

5. 教師詢問學生：剛剛有同學說這裡跟這裡（圖形尖
   點）到摺痕距離一樣，該怎麼作，可以表示出來？（註 2、3）

   預期學生回答：

   (1) 做連線，標示出點對稱點（P）$BP = CP$、$DP = EP$……

   (2) 用手勢比出線段 *，說出這一段等於那一段

   　 * 教師介入：請學生（或老師自己）將所比的線段畫上去，加上標號，用標號再
   　　 說一遍。

6. 教師總結

   (1) 像這樣對摺剪出來的圖形，它的兩邊長度和位置都
   　　 一樣，我們稱為線對稱圖形。

   (2) 對摺的摺痕稱為對稱軸。

   (3) 在對稱軸兩邊對摺後點，稱為對稱點，例如：B 和
   　　 C、H 和 I……。

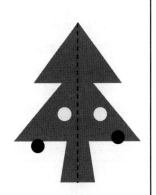

（二）線對稱圖形的性質應用

1. 教師布題：小惠覺得只有聖誕樹太單調了，於是在樹上
   貼上裝飾的圓點。她希望看起來也是兩邊一樣的，請問
   白色的圓點這樣貼對不對？為什麼？（註 3）

   預期學生回答：

   (1) 不對，右邊的太靠近邊邊了，應該要靠中間一點。

   (2) 不對，左邊的太靠近中間了，應該要靠左邊一點。

2. 教師詢問學生，要如何調整左邊圓點的位置，讓它看起來跟右邊一樣，要怎麼做？
   怎麼確定這樣是對的？

   預期學生回答：

   (1) 向左移到看起來一樣 *。

   (2) 剛剛有學到它到摺痕的長度要跟右邊的圓點一樣，所以我用尺量 **……。

63

(3) 從右邊的點畫一條垂直摺痕的黑線，把左邊的圓點移到跟右邊距離一樣的地方。

　* 教師追問：這樣只是看起來，怎樣確定就是要貼在這裡？

　** 教師追問：你要怎麼量圓點到摺痕的長度？要量哪裡？是量哪一條線的長度？

3. 教師詢問學生觀察黑色的圓點，看來兩邊也不一樣，要怎麼調整右邊圓點的位置，讓它看起來跟左邊一樣？怎麼確定這樣是對的？

預期學生回答：

從左邊的點畫一條垂直摺痕的線，在右邊標出跟左邊距離一樣的地方，把圓點移到這個位置。

4. 教師總結

(1) 對稱點相連的直線與對稱軸垂直。

(2) 從一點向對稱軸做垂線，在另一邊取等距的點，就是對稱點。

教學評量

1. 判斷給定圖形是不是線對稱圖形。

2. 畫出給定線對稱圖形的對稱軸。

3. 判斷一線對稱圖形兩側的點是不是互相對稱。

4. 完成給定對稱軸，但未完全畫出的線對稱圖形。

註：

1. 可由學生自己標號，不一定要先給標號。

2. 活動的重點是讓學生自己為所需的資訊作標號並據以表達。

3. 學生可能只是依據視覺資訊回答（看圖比畫描述），老師需要透過追問或指令介入，讓學生把隱性的資訊畫出來以進行標號或測量。

4. 依據課綱，不做對稱軸為非水平、鉛直方向的線對稱圖形推理，但教學時，教師可以透過轉動聖誕樹圖紙（卡），讓學生理解線對稱是相對於對稱軸的概念，原始圖形本身的對稱軸不一定是水平、鉛直方向。

五 學習表現 s-III-7 教學活動

　　本活動透過磁磚造型的複製情境，引導學生從視覺推理形成圖形放大與縮小的概念，進而認識圖形縮放時，對應邊成比例。

學習表現：s-III-7、認識平面圖形縮放的意義與應用。

學習目標：能以視覺判斷兩圖形是否為同一圖形但不同大小，利用小（大）正方形組
合（分割）成大（小）正方形來繪製放大（縮小圖），認識簡單圖形放大、
縮小時的對應邊與對應角，並察覺對應邊成比例。

核心素養：數-E-A1
具備喜歡數學、對數學世界好奇、有積極主動的學習態度，並能將數學語
言運用於日常生活中。

數-E-A2
具備基本的算術操作能力、並能指認基本的形體與相對關係，在日常生活
情境中，用數學表述與解決問題。

數-E-A3
能觀察出日常生活問題和數學的關聯，並能嘗試與擬訂解決問題的計畫。
在解決問題之後，能轉化數學解答於日常生活的應用。

數-E-B1
具備日常語言與數字及算術符號之間的轉換能力，並能熟練操作日常使用
之度量衡及時間，認識日常經驗中的幾何形體，並能以符號表示公式。

數-E-B3
具備感受藝術作品中的數學形體或式樣的素養。

數-E-C1
具備從證據討論事情，以及和他人有條理溝通的態度。

數-E-C2
樂於與他人合作解決問題並尊重不同的問題解決想法。

教學準備：至少兩種不同網目大小的方格紙、附件。

教學設定：建議為至少 3 人的小組活動。

教學活動設計：

（一）以正方形方格所作圖形，須以大正方形格子作圖，圖形看起來才會一樣

1. 教師布題

小英參觀陶瓷工廠時，看到牆上有一個用正方形磁
磚貼成的墨魚圖案，簡單又可愛，因此拍了相片，
回家用方格紙畫了出來。可是格子太小了，畫出來
的圖很小，於是向姊姊求助。

姊姊說：「妳把幾個小格子當成一個大格子，就可
以了。」

小英很開心地照姊姊說的方法重新畫過，畫完後看了看，跑去跟姊姊說：「為什麼我的墨魚變成火箭了？」

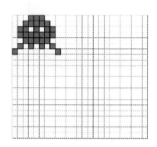 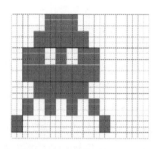

2. 請學生說說看，小英後來畫的圖，跟原來的墨魚哪裡一樣？哪裡不一樣？

   學生可能回答：

   (1) 還是墨魚，但是看起來比較瘦（長、高）。

   (2) 後來畫的不是用正方形的格子，而是用長方形的格子。

3. 拿出方格紙畫畫看，如果要化成跟原來的墨魚看起來一樣，應該怎麼畫呢？

   預期學生回答：

   將小格子組成較大的正方形格子畫圖。

4. 教師總結：兩個圖形形狀一樣，大小不一樣時，大圖稱為小圖的放大圖，而小圖是大圖的縮小圖。

（二）察覺長方形圖案放大時，長、寬兩邊長的關係

1. 教師引導布題

   下面有幾個已經知道邊長（公分）的長方形，要怎麼找出誰是甲圖的放大圖？

   小英說：「我先在每一個圖畫上一公分的正方形格子，再把小格子拼成大正方形格子，看看哪些圖的格子和甲圖一樣。」

   小英的說法正確嗎？我們來檢驗看看。

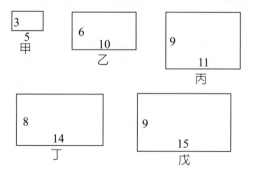

2. 詢問學生先將每一個圖都畫上一公分的正方形格子，說說看甲、乙、丙、丁、戊各圖的長和寬各是幾個格子？

3. 請學生試著將乙、丙、丁、戊各圖的格子拼成大正方形格子，說說看，各可以拼成邊長幾公分的大正方形格子？

   備註：可能需要提醒組成大正方形格子的意思是兩邊都要能用相同的格子數除盡。

4. 教師詢問學生：用大正方形格子去看，哪些圖和甲圖一樣？各是邊長多少的大正方形格子拼成的。

   預期學生回答：

   (1) 乙圖，是邊長 2 的大正方形格子拼成的。

   (2) 戊圖，是邊長 3 的大正方形格子拼成的。

5. 教師總結

   (1) 甲圖是 5 格—3 格邊長 1 公分的正方形組成的，乙圖是 5 格—3 格邊長 2 公分的正方形組成的，戊圖是 5 格—3 格邊長 3 公分的正方形組成的，因此乙圖和戊圖是甲圖的放大圖。

   (2) 我們說乙圖是甲圖的 2 倍放大圖，戊圖是甲圖的 3 倍放大圖。也可以反過來說，甲圖是乙圖的 1/2 縮小圖，也是戊圖的 1/3 縮小圖。

   (3) 丙圖可以用邊長 3 公分的大正方形拼成 4 格—3 格的長方形，丁圖可以用邊長 2 公分的大正方形拼成 7 格—4 格的長方形，它們都不能拼成如甲圖的 5 格—3 格長方形，因此都不是甲圖的放大圖。

6. 教師詢問學生，可不可以不要畫格子拼正方形，直接用邊長去判斷哪些是甲圖的放大圖？

   (1) 乙圖的長與寬都是甲圖的（ ）倍，也可以說甲圖的長與寬都是乙圖的（ ）倍。
       戊圖的長與寬都是甲圖的（ ）倍，也可以說甲圖的長與寬都是戊圖的（ ）倍。

   (2) 丙圖的長是甲圖的（ ）倍，但寬是甲圖的（ ）倍。
       丁圖的長是甲圖的（ ）倍，但寬是甲圖的（ ）倍。

   (3) 所以，我們可以說放大（縮小）圖之間對應的長與寬成（ ）關係。

   預期學生回答：

   比例、正比、比值一樣、有相等的比。

7. 乙圖和戊圖是放大（縮小）圖的關係嗎？為什麼？

   預期學生回答：

   (1) 是，因為 10：15 = 6：9。

   (2) 是，因為它們都是 5 格—3 格的正方形拼成的，只是格子大小不一樣。

8. 教師總結：如果兩個長方形對應的長和寬成比例，這兩個長方形就是放大（縮小）的關係。

（三）三角形放大與縮小的判斷

1. 教師引導布題

   川堂的牆上有一個大大的三角形圖案，老師詳細地測量後得到如右圖的資訊（單位：公分）。下面哪一個圖是這個三角形的縮小圖？

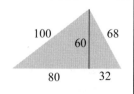

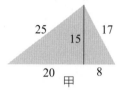

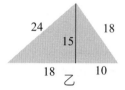

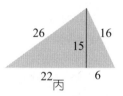

   小豪說：原來的三角形底是 112，高是 60，而甲、乙、丙的底都是 28，高都是 15，112：28 恰好等於 60：15，因此甲、乙、丙都是原圖形的縮小圖。

2. 教師詢問學生小豪的說法正確嗎？原圖和甲、乙、丙圖都被高分割成兩個直角三角形。先觀察甲、乙、丙圖左邊的直角三角形，它們是原圖左邊直角三角形的縮小圖嗎？

   預期學生回答：

   (1) 甲是，因為 80：20 = 60：15。

   (2) 乙不是，因為 80：18 ≠ 60：15。

   (3) 丙不是，因為 80：22 ≠ 60：15。

3. 請學生再觀察甲、乙、丙圖右邊的直角三角形，它們是原圖右邊直角三角形的縮小圖嗎？

   預期學生回答：

   (1) 甲是，因為 32：8 = 60：15。

   (2) 乙不是，因為 32：10 ≠ 60：15。

   (3) 丙不是，因為 32：6 ≠ 60：15。

4. 教師總結

   (1) 三角形會有斜斜的邊，如果兩個三角形不一樣斜，就沒有放大、縮小的關係。

   (2) 兩個三角形有沒有放大、縮小的關係，不能只用底和高是否成比例來判斷。

5. 教師引導提問：大部分時候，我們看到的三角形只有外圍的三個邊，沒有高，可不可以不要透過高，直接用邊長去判斷哪些是原圖的縮小圖？

   (1) 甲圖底邊是原圖底邊的（　）倍，左邊斜斜的邊是原圖左邊斜斜的邊的（　）倍，右邊斜斜的邊是原圖右邊斜斜的邊的（　）倍。

   (2) 乙圖底邊是原圖底邊的（　）倍，左邊斜斜的邊是原圖左邊斜斜的邊的（　）倍，右邊斜斜的邊是原圖右邊斜斜的邊的（　）倍。

(3) 丙圖底邊是原圖底邊的（　）倍，左邊斜斜的邊是原圖左邊斜斜的邊的（　）倍，右邊斜斜的邊是原圖右邊斜斜的邊的（　）倍。

(4) 所以，我們可以說三角形縮小（放大）圖之間對應的邊成（　）關係。

　　預期學生回答：比例、正比、比值一樣、有相等的比。

6. 教師總結

(1) 在上面的例子中，我們知道如果兩個三角形底邊、左邊斜斜的邊、右邊斜斜的邊的邊長都成比例，這兩個三角形間就有放大、縮小的關係。

(2) 我們做比較時所說的底邊、左邊斜斜的邊、右邊斜斜的邊，數學上稱為對應邊，而對應邊的夾角稱為對應角，例如：如果把原圖記為三角形 ABC 而甲圖記為三角形 DEF，那麼 AB 和 DE、BC 和 EF、AC 和 DF 稱為對應邊，而角 A 和角 D、角 B 和角 E、角 C 和角 F 則是對應角。

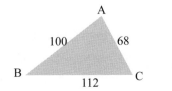
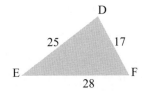

教學評量：

1. 教師舉出一個標示有 4 邊長的長方形，請學生寫出至少 1 個放大圖與縮小圖。

2. 給定一組標示有邊長的長方形，指定一個為基準，請同學找出與此圖為放大或縮小的圖形。

3. 教師舉出一個標示有 3 邊長的三角形，請學生寫出至少 1 個放大圖與縮小圖。

4. 給定一組標示有邊長的三角形，指定一個為基準，請同學找出與此圖為放大或縮小的圖形。

5. 給定一個長方形與縮放倍數，請學生畫出縮放圖。

6. 給定一個三角形與縮放倍數，請學生畫出縮放圖。

註：

1. 本活動只是相似形（國中）的前置經驗，目的在於讓學生能從圖形的放大和縮小中察覺邊長成比例的關係，評量時不宜出現「相似」的字眼。

2. 對應邊成比例有很多不同的說法，108 課綱已將「成正比」移往國中教學，此處教師不宜過度要求制式數學語言。

3. 本活動，並不做疊合判斷對應角是否相等的操作，因此不宜評量。

4. 本活動不做圖形翻轉後是否相似的判斷，評量時應避免此種問題。

教育部（2007）。**九年一貫課程數學領域綱要（修訂草案）**。台北市：作者。

教育部（2018）。**十二年國民基本教育課程綱要國民中小學暨普通型高級中等學校：數學領域**。台北市：教育部。

Barmby, P., Harries, T., & Higgins, S. (2010). Teaching for understanding/ understanding for teaching. *Issues in teaching numeracy in primary schools* (45-57). doi:10.4135/9781446221464

Clements, D. H., & Battista, M. T. (1992). Geometry and spatial reasoning. In D. A. Grouws (Ed.), *Handbook of research on mathematics teaching and learning* (pp. 420-464). New York: Macmillan.

de Lange, J. (2006). Mathematical literacy for living from OECD-PISA perspective. *Tsukuba Journal of Educational Study in Mathematics*, *25*, 31-35. doi:10.1007/ BF01274106

Duval, R. (1995). Geometrical pictures: Kinds of representation and specific processings. In R. Sutherland & J. Mason (Eds.), *Exploiting mental imagery with computers in mathematics education* (pp. 142-157). Berlin: Springer.

Duval, R. (1998). Geometry from cognitive point of view. In C. Mammana & V. Villani (Eds.), *Perspectives on the teaching of geometry for 21st century* (pp. 37-52). Dordrecht: Kluwer.

Duval, R. (1999). *Representation, vision and visualization: Cognitive functions in mathematical thinking: Basic issues for learning.* Paper presented at the the North American Chapter of the International Group for the Psychology of Mathematics Education, Morelous, Mexico.

Fischbein, E. (1999). Intuitions and Schemata in Mathematical Reasoning. *Educational Studies in Mathematics*, *38*(1), 11-50. doi:10.1023/ A:1003488222875

Fischbein, E., & Nachlieli, T. (1998). Concepts and figures in geometrical reasoning. *International Journal of Science Education*, *20*(10), 1193-1211.

Fuys, D., Geddes, D., & Tischler, R. (1988). *The van Hiele model of thinking in geometry among adolescents* (Vol. 3). Reston, VA: NCTM.

Gal, H., & Linchevski, L. (2010). To see or not to see: Analyzing difficulties in geometry from the perspective of visual perception. *Educational Studies in Mathematics, 74*, 163-183. doi:10.1007/s10649-010-9232-y

OECD. (2004). *Learning for tomorrow's world-First results from PISA 2003*. Paris: Organization for Economic Co-operation and Development.

OECD. (2010). *PISA 2012 MATHEMATICS FRAMEWORK*. Retrieved from oecd. org/pisa/pisaproducts/PISA%2020/2%20e-book_final.pdf

OECD. (2018). *PISA 2021 mathematics framework (draft)*. doi:10.1787/9789264305 274-5-en

Thompson, P. W. (1993). Quantitative reasoning, complexity, and additive structures. *Educational Studies in Mathematics, 25*, 165-208. doi:10.1007/BF01273861

van de Walle, J. A. (2004). *Elementary and middle school mathematics-teaching developmentally* (F. Edition Ed.). Boston: Pearson Education.

附件

s-III-1 附件

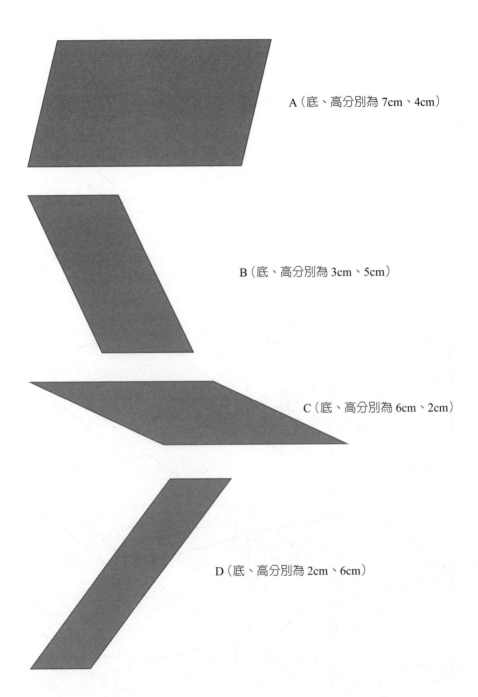

A（底、高分別為 7cm、4cm）

B（底、高分別為 3cm、5cm）

C（底、高分別為 6cm、2cm）

D（底、高分別為 2cm、6cm）

s-III-4 附件

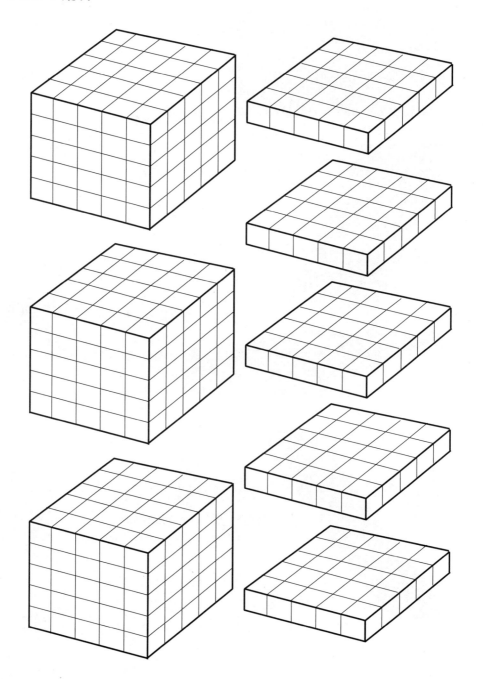

s-III-5 附件

s-III-6 附件

s-III-7 附件

甲

乙

丙

丁

戊

第二章

代數思維

陳嘉皇

　　數學是演算能力、邏輯訓練、抽象思維的推手。數學知識的本質雖然是抽象的，但卻具有廣大與深刻的應用性。如何在不同的年齡、不同的能力、不同的興趣或領域的人，皆能獲得足以結合理論與應用的數學素養，是數學教育的重要目標（教育部，2018）。數學教育應能啟迪學生的學習動機，培養好奇心、探索力、思考力、判斷力與行動力，願意以積極的態度、持續的動力進行探索與學習。要獲取上述數學教育目標強調的能力，學生應該學習的數學是什麼？透過數學內容和過程的路線，可以回答這個問題，指導小學教學路線的主要特徵之一，就是代數思維。代數思維是從幼兒園前開始一直延伸到十二年級的一門內容，但實際上，進行代數思維的小學教室是什麼樣的？老師的角色是什麼？對學生的期望是什麼？課程是什麼樣的？本章旨在幫助回答有關發展學生代數思維基礎課堂的問題，企圖採取一種實用的、教師導向的方法，藉鑑小學教師經由課堂測試的材料、學生作業、教室情節和教師的反思來說明：

1. 教師如何利用具有代數潛力的資源和材料，將其轉化為代數思維的機會；
2. 代數思維如何支持學生的基本算術技能；
3. 教師如何改變課堂教學方式，使代數思維以可行的方式成為學生日常經驗的一部分；
4. 如何將代數思維融入其他學科領域。

第一節　代數思維理論

一 代數思維的性質

　　要如何向學生解釋代數？目的是什麼？代數思維的內容是關於代數如何使數學「更豐富、更緊密聯繫、更通用和更明確」，並且透過這種方

式，可以將代數的學習轉變爲學生意想不到的冒險。

　　人們通常視代數爲操縱字母或符號來解決複雜的方程式或簡化代數的表達式（NCTM, 2000）。代數思維比這個想法更爲深入，代數思維的核心是建立、表達和證明數學的關係或一般化（generalization）（Kaput, 1999）。廣義上來講，在數學中，一般化是一種描述有關一組（數學）數據的一般事實的陳述。例如：語句「偶數和奇數的總和始終爲奇數」是一種數學上的一般化，因爲它捕獲了一組數據（此處的數據爲整數）中的眞實關係，可以將任何的偶數和奇數加在一起驗證。一般化可以不同的形式表示，學生最初可能會用文字表達所觀察到的一般化（例如：當某數加 0 時，會得到與某數相同的數字），隨著時間的流逝、數學語言的成熟，他們可以學會以更多的符號方式表達這些想法（例如：a + 0 = a，其中 a 是任何實數）。

　　代數思維有不同的形式和規模，依據 108 課綱學習內容顯示（如表 2-1），小學學生應該能夠：

　　1. 了解模式、關係和函數；

　　2. 使用代數符號表示和分析數學情況和結構；

　　3. 使用數學的模型來表示和理解定量關係；

　　4. 分析各種情況下的變化。

　　爲了解課堂中這些基本學習目標的情況，介紹代數思維的兩個關鍵領域：(1) 使用算術來發展和表達一般化（算術一般化），及 (2) 識別數值和幾何，描述函數關係的模式（函數思維）。雖然代數思維包含其他的數學領域，但是算術一般化和函數式思維構成了當前學生代數思維研究的重點，並提供一個全面的起點。同年齡、不同能力、不同興趣或領域，皆能獲得足以結合理論與應用的數學素養。

✑ 表 2-1　108 課綱一至六年級之代數學習內容細目

學習年級	編碼	學習內容
一	R-1-1	算式與符號：含加減算式中的數、加號、減號、等號。以說、讀、聽、寫、做檢驗學生的理解。適用於後續階段。
一	R-1-2	兩數相加的順序不影響其和：加法交換律。可併入其他教學活動。
二	R-2-1	大小關係與遞移律：「>」與「<」符號在算式中的意義，大小的遞移關係。
二	R-2-2	三數相加，順序改變不影響其和：加法交換律和結合律的綜合。可併入其他教學活動。
二	R-2-3	兩數相乘的順序不影響其積：乘法交換律。可併入其他教學活動。
二	R-2-4	加法與減法的關係：加減互逆。應用於驗算與解題。
三	R-3-1	乘法與除法的關係：乘除互逆。應用於驗算與解題。
三	R-3-2	數量模式與推理（I）：以操作活動為主。一維變化模式之觀察與推理，例如：數列、一維圖表等。
四	R-4-1	兩步驟問題併式：併式是代數學習的重要基礎。含四則混合計算的約定（由左往右算、先乘除後加減、括號先算）。學習逐次減項計算。
四	R-4-2	四則計算規律（I）：兩步驟計算規則。加減混合計算、乘除混合計算。在四則混合計算中運用數的運算性質。
四	R-4-3	以文字表示數學公式：理解以文字和運算符號聯合表示的數學公式，並能應用公式。可併入其他教學活動（如 S-4-3）。
四	R-4-4	數量模式與推理（II）：以操作活動為主。二維變化模式之觀察與推理，如二維數字圖之推理。奇數與偶數，及其加、減、乘模式。
五	R-5-1	三步驟問題併式：建立將計算步驟併式的習慣，以三步驟為主。介紹「平均」。與分配律連結。
五	R-5-2	四則計算規律（II）：乘除混合計算。「乘法對加法或減法的分配律」。將計算規律應用於簡化混合計算。熟練整數四則混合計算。

學習年級	編碼	學習內容
五	R-5-3	以符號表示數學公式：國中代數的前置經驗。初步體驗符號之使用，隱含「符號代表數」、「符號與運算符號的結合」的經驗。應併入其他教學活動。
六	R-6-1	數的計算規律：小學最後應認識：(1) 整數、小數、分數都是數，享有一樣的計算規律。(2) 整數乘除計算及規律，因分數運算更容易理解。(3) 逐漸體會乘法和除法的計算實為一體。併入其他教學活動。
六	R-6-2	數量關係：代數與函數的前置經驗。從具體情境或數量模式之活動出發，做觀察、推理、說明。
六	R-6-3	數量關係的表示：代數與函數的前置經驗。將具體情境或模式中的數量關係，學習以文字或符號列出數量關係的關係式。
六	R-6-4	解題：由問題中的數量關係，列出恰當的算式解題（同 N-6-9）。可包含：(1) 較複雜的模式（如座位排列模式）；(2) 較複雜的計數：乘法原理、加法原理或其混合；(3) 較複雜之情境：如年齡問題、流水問題、和差問題、雞兔問題。連結 R-6-2、R-6-3。

算術一般化

　　算術一般化作為代數思維的基本思想，在小學階段就開始活動，並在中學結束時學習。

　　算術一般化是指對數字的運算和數字的性質進行一般化。透過這種方式，學生們推廣了重要的數學思想，例如：交換律，學習了運算如何影響數字，並發展等號的關係觀點。隨著學生經歷加、減、乘和除的過程，他們開始注意到數字的規律。他們觀察到兩個數字相加的順序的規律性，開始使用自然語言（可以按任何順序加數字）來學習觀察和表達加法的這種交換律。隨著學生在數學上的成熟，可以學會用更正式的方式表達這個想法，使用符號來表示任意兩個數字：$a + b = b + a$；a、b 為實數，是這種一般化的形式表達。

三 函數思維

從小學低年級開始，學生就可以掌握代數的基礎知識，尤其是代數的表徵方面及變量和函數的概念。

函數思維與算術一般化使用不同的技能。它要求學生參與改變和成長，它涉及尋找數量相互之間如何變化的模式，函數是表達這種變化的一種方式。函數思維讓學生有機會使用豐富的工具集，包括表格、圖形、函數機器，輸入／輸出圖表等。與算術一般化一樣，學生對這些關係可以使用自然語言或更多的符號形式來表達。例如：會將教室裡的學生數與總手數之間的關係描述為「手數加倍」或「每次加兩」。雖然這些描述是基本的，但它們是關注兩個量如何一起變化的重要起點。隨著學生的成熟，可以學習用符號來描述這種關係（例如：$H = 2 \times C$，其中 H 是手的數量，C 是學生的數量）。

現在的教學大都從生活問題引入，因此在數單元的教學內容，要留意二個為什麼的問題。第一個問題是為什麼要用加法、減、乘、除，或者先用個運算再用那個運算。另一個問題是它的答案算出來為什麼是多少。第一個為什麼需要利用語意轉換進行說明。第二個為什麼可以利用數的基本概念或者單位轉換來說明。同時在數學問題的鋪陳上，可以運用語意結構和運算結構來拓展學生的學習經驗。

四 代數思維的教學

小學的代數思維（也稱為代數思維）不是重新包裝傳統高中的代數。如前所述，人們有時將高中代數視為學習處理符號和求解方程的死記硬背程序；簡而言之，這是符號驅動的因式分解、簡化和求解的馬拉松。相反的，代數思維旨在幫助學生看到和描述他們已經構造了意義的數學結構和關係。學生們在蒐集數據、尋找數據中的關係、發展和表達關於這些關係的猜想，及建立支持他們的猜想的工具時，會建構意義。

在教室裡，學生們可以互相學習彼此的想法，老師們可以找到方法將學生們的思想帶入學習的中心。它以數學探索、研究和對話爲標誌。雖然學生可能會在符號操縱方面發展一些附帶技能，但目標是學會代數思維，並開始學習一種象徵性的「代數」語言，以表達和證明自己的想法。

每個老師都可以建立一個發展學生代數思維的教室。在閱讀本章並在自己的教室中測試其構想時，請記住以下初始假設：

1. 進行一般化的能力是數學能力的核心，所有學生都可以學習。
2. 學生可透過歸納和建立其歸納論點，來加深特定數學主題的理解和技能。
3. 爲了發展一般化的數學能力，課堂環境必須促進有意義的探究和交流。
4. 教師必須能夠找到、擴展和利用他們的教學資源來滿足不斷發展的需求。
5. 即使思想對每個參與人員都是新的，教師社群也可以互相學習和互相教學。

第二節　代數思維的內容

一　算術一般化

代數思維對國小教師來說，可能是陌生的領域。本章密切關注代數思維的內容，及如何將現有資源和材料轉化爲代數思維的機會。它討論並推廣教師所教的算術和建立學生函數的思維技能與方法。利用教師在課堂上的經驗，來說明如何將這些數學思想融入自己的實踐中，包括學生思維的場景，作爲他們可以代數思維的證據。目的是幫助教師發展「眼與耳」的代數，以便以新的方式看到當前正在教授的數學，這些方式將爲學生更好

地為未來更複雜的數學思維做好準備。

《學校數學的原則和標準》（NCTM, 2000）明確指出，不僅要在高中階段，還要在 K 到 12 年級之前，培養學生的代數思維技能的重要性。如果教師是小學課堂的老師，教師如何將代數思維融入日常教學中？教師從哪裡開始？由於算術是小學數學課程的核心部分，因此本章探討如何幫助學生在算術中的重要代數思維概念。

（一）數與運算的轉變

處理代數思維的問題很容易發現數字概念，這些數字概念是將來進行數學學習的基礎。例如：有很多機會討論數字 0 和 1 在數學方程式中的作用。如果學生們在早期就可以進行一般化，那麼他們將有能力應對以後出現的更抽象的概念。有許多重要的算術概念供學生學習，他們不僅應該知道如何執行算術技能和程序，代數思維可以為學生的算術理解帶來更深遠的目的。

算術一般化包括幫助學生看到、描述和證明樣式與運算的規則和數字的規律。儘管學生可能會例行使用此知識，但在進行算術時，會隱約地使用這些知識，但代數思維有助於提升這些特性，以便學生意識到它們並可以將其指向有形的學習對象。反過來，這種認識加強了他們對算術概念的理解。

（二）算術不是只有做加的運算而已

讓我們考慮一下，算術概念如何擴展到包括代數思維。在側重算術的教學中，教師可能會要求學生練習加一組隨機的兩位數數字，以發展計算技能。但是如果教師的目標是代數思維，則可以開發出一組求和的方法，將學生帶到一個重要的一般化中（並且仍然為他們提供計算實踐）。

如果教師要求學生集中精力解決這些加數相關的問題，他們會注意到，數字的加法順序無關緊要。例如：12 + 27 的結果與 27 + 12 的結果相

同。要求學生描述注意到的內容：給學生機會寫和談論他們的想法很重要。學生可能會用自己的話語提出一個臆測，例如：可以按任何順序進行數的加法嗎？如果學生使用自然語言來描述他們的臆測，教師是否可引導他們以更具象徵性的方式表達他們的想法？例如：他們怎麼代表任何數？他們會用字母嗎？字母象徵或代表什麼？他們將如何呈現兩個不同的（任意）數字？他們可以使用相同的符號表示兩者嗎？為什麼或者為什麼不？

在指導下，學生們可以學習以 a + b = b + a 的形式表達此處所示的性質（加法的交換律），其中 a 和 b 代表任何（實數）數。當然，在將臆測從自然語言轉換為象徵形式時，教師需要牢記學生的年齡和經驗，但不要小看他們可以做什麼！最後，請學生思考他們的臆測是否正確（或何時）。他們的臆測總是成立嗎？哪個數字是正確的？或者，什麼類型的數字是正確的？也就是說，它適合大數還是小數？負數是否成立？他們是怎麼知道？他們將如何說服別人他們的臆測是真的？透過這項分析、臆測、論證和象徵性活動，學生可從算術轉向代數思維。它可以從一組簡單的任務開始，這些任務的算術目的已經過重新設計，可以提升算術中的代數思維。

一般化加法的交換律是一項可以輕鬆適應大多數年級層次的任務。實際上，教師可能已經在課堂上進行了此類活動。在此處強調一點，即算術的一般化不必與教師已經做的不同，透過簡單的轉換，加法技能的練習可以擴展到一個強大的機會，以發展、表達和論證關於數字運算的數學一般化。教師只需要用代數眼看一下已經教過的算術，就可以圍繞更廣泛的目標構建算術課程，以建立代數思維。學生們可以注意到並描述許多算術屬性，例如：零加任何數為任何數（加法同一律），或可以按任意順序將兩個數字相乘（乘法的交換律），或如果減去一個自身的數字得到零（加減可逆屬性）。表 2-2 列出了一些對理解算術很重要的律則或一般化。

⟡ 表 2-2　算術通用的律則

算術律則	自然語言表達	符號表達
加法交換律	可以按任意順序加兩個數字	$a + b = b + a$
乘法交換律	可以按任意順序將兩個數字相乘	$a \times b = b \times a$
加法結合律	如果要相加三個數字，可以先將 $(a + b) + c = a + (b + c)$ 相加，再相加最後一個，也可以相加後兩個，再相加第一個	$(a + b) + c = a + (b + c)$
乘法結合律	如果要乘以三個數字，則可以乘以前兩個，然後乘以最後一個，也可以乘以後兩個，再乘以第一個	$(a \times b) \times c = a \times (b \times c)$
加法同一律	數字加零時，都會得到該數字	$a + 0 = a$
加法逆算	從自身中減去自己數字，結果將得到零	$a - a = 0$
乘法同一律	將數字乘以 1 時，就可以得到該數字	$a \times 1 = a$

（三）偶數和奇數的性質

　　還有許多其他方式可以算術一般化。例如：對偶數和奇數進行運算可以導致代數思維的豐富來源。教師可以輕鬆地按偶數來組織計算，以便學生可以練習算術技能和程序，這是學習代數思維的更大目標的一部分。就像前面說明的加法交換性質一樣，將代數思維構建到偶數和奇數運算中，可以很容易地引入到教師已經講授的算術中。例如：整數加法是學生正在學習的技能，則設計一套加法練習，可以用作思考偶數和奇數性質的跳板。

　　當教師進行奇數和偶數相加時，會發生什麼？結果是偶數還是奇數？做一個可以顯示教師發現的結果的臆測。教師怎麼知道教師的臆測是真的？它會一直有效嗎？當教師將三個奇數相加時，會發生什麼？四個奇數？假設學生要把很多奇數加在一起，但沒有告訴教師有多少個，教師能說學生的結果是奇數還是偶數？教師怎麼知道學生的臆測是真的？它會一直有效嗎？

如果將運算更改為減法會怎樣？同樣的結果成立嗎？會發生什麼—如果將運算更改為乘法？同樣的結果成立嗎？

（四）將已知數變成未知數（Making a Known Quantity Unknown）

要求學生解決以下簡單的算術文字題，例如：俊民存了一些錢，玉華比俊民多 60 元，東興比玉華多 30 元，那麼東興有多少錢？學生們可能會使用數子、玩錢幣或自己的圖畫來代表不同的金額，並構造一個數字句子來解決問題：$ 60 + $ 30 = $ 90（東興比俊民多的金額）。但是，透過轉變訊息（例如：俊民擁有的金額），教師可以將此簡單的算術任務轉換為使用代數思維的任務：學生不能使用算術來解決這個新問題；相反，他們需要能夠表示俊民擁有的（未知）金額。剛開始，這對於學生來說，似乎很尷尬，尤其是他們僅處理算術任務、已知量和始終為單一數值的解。但是經過一些經驗之後，學生們意識到他們不需要知道俊民擁有多少錢來描述東興的擁有量。他們學會接受不確定性，即沒有特定的數值來分配俊民擁有的（和因此東興擁有的）錢數。向學生提出以下問題：讓他們代表俊民所擁有的未知金額（不要告訴他們如何代表它）。諸如學生對俊民擁有的金額了解多少之類的問題，學生如何描述這筆金額？學生想怎麼稱呼這個數額？和為什麼？可以幫助學生確定俊民所擁有的金額是未知的，並思考如何代表這一點。

然後，教師可以指導學生比較俊民和東興的錢數：東興與俊民相比有多少錢？他有多少或更少？學生將使用什麼操作來代表更多的錢？考慮到對俊民擁有的金額的描述，學生如何描述東興與之相關的金額？當教師指導學生的思維時，學生可以學習將東興的金額表示為 m + $90，其中 m 表示俊民的金額。年齡較小的學生可能會用自然語言表示俊民所擁有的金額加上另外 90 元，使用符號來表示未知數或變化量是代數思維的重要組成部分。當教師以自然的方式引入符號，使它們出現在涉及學生思維的問題中時，隨著時間的流逝，學生將開始使用這種新語言來談論他們自己的數學思想。

（五）變化已知數（Varying a Known Quantity）

除了使已知量未知外，教師還可以在一個簡單的算術文字題中改變已知量，將問題轉化為一系列任務，使學生能夠建立和測試數學關係。考慮以下的算術問題：想買一件 1,400 元的 T 恤，我已經存了 800 元，購買這件 T 恤，我還需要多少錢？

學生們可能會使用各種涉及加法或減法的模型來解決這一問題，教師可以將學生的算術模型用作開發符號語言的上下文，例如：加法模型可以表示為 800 + A = 1,400，而減法模型可以表示為 1,400 - 800 = A（或學生選擇的其他符號），其中 A 代表未知金額。他們可以透過圖片、數子、玩錢幣等等來表達自己的想法。

從代數思維上講，儘管這是描述通用數量的起點，但這樣的任務可以幫助學生們超越算術思維。隨著學生開始思考並表達未知數量或變化數量，他們被引入了諸如變量之類的觀念，這些觀念對於他們的數學思維的發展至關重要。

（六）等號的意義（An Unequal View of =）

學生在學校遇到的第一個符號可能是 = 號。但是，這個符號有什麼涵義？要求學生解決以下任務：9 + 3 = □ + 4

學生可以在框中放什麼數字？為什麼？課堂研究顯示，學生最有可能在框中加上 9 和 3 並寫 12。對於許多學生來說，符號「＝」意味著表達式的左側計算並在其後記錄答案。當然，教師不是故意教這種等值觀念的，但重複使用算術任務，即學生計算一個表達式，然後在「＝」符號之後立即寫出答案，這會對等號涵義的思考產生誤解。許多學生看不到「＝」的代數思維作用，因為它們表示數量之間的關係，例如：9 + 3 等於□ + 4。

幫助學生發展等號的代數思維很容易。對於某些學生，教師可能只需要提供一組任務，並引起他們對思考中錯誤觀念的關注。了解他們的思想是發展等號的代數思維的良好起點。另外，可以讓學生將他們對計算的答

案表示爲未執行的運算，而不是單一數值答案。例如：不是給 37 作爲 23
+ 14 的答案，而是讓學生將他們的答案表示爲兩個數字的和，他們可能
會寫成 23 + 14 = 10 + 27 或 23 + 14 = 19 +18。這將幫助學生們看到符號
「=」右邊的數量不必是單一個數值。小學生需學習、常用的等號概念的
類型如下所示：

```
類型一：同一性
1. 等號兩邊單一數量（數字）
   1.1 0 = 0
   1.2 A = A
```

```
類型二：等號兩邊同時運算
1. 等號兩邊數字（量）同時加法運算
   1.1 數字（量）一樣，位置交換，例 A + B = B + A
   1.2 數字（量）皆不同，例 A + B = C + D
2. 等號兩邊數字（量）同時減法運算，例 A - B = C - D
3. 等號一邊數字（量）加法運算，另一邊數字（量）減法運
   算，例 A + B = C - D，或 C - D = A + B
```

```
類型三：等號單邊運算
1. 等號單邊數字（量）加法運算，例 A = B + C 或 B + C = A
2. 等號單邊數字（量）減法運算，例 A = B - C 或 B - C = A
```

圖 2-1　等號概念的類型

（七）發現未知數（Finding Missing Numbers）

　　關於等號的討論指出，諸如 9 + 3 = □ + 4 的任務如何揭示學生對符
號 = 的理解。但是，作爲缺漏的數字句子，這些任務也可以成爲在學生
的代數思維中引入文字符號（與 D 等非文字符號相對）的一種方式。隨
著學生學習使用符號，符號成爲他們解決問題的語言的一部分。在課堂

上，三年級學生開始生成自己的未知數句子，以解決其他問題。一個例子是三角形拼圖（圖 2-2），其中三角形被劃分爲多個區域，其中一些區域包含數字，而其他區域則爲空。目的是透過找到所有未知的數字來完成三角形。這些區域之間具有加法關係，未知的數字是透過兩個並排項目相加來確定它們上方的項目。例如：在圖 2-2 中，7 加上右邊的未知數字將是 12，爲了解決這個難題，家倫生成了一組未知數的句子（7 + a = 12，e + 4 = 5，4 + d = 7），以解決三角形中的未知數。他首先編寫並求解 7 + a = 12 以獲得 a = 5，然後用它構造了句子 e + 4 =5，獲得 e = 1。可以在不知道三角形中，其他未知數的情況下，求解句子 4 + d = 7，獲得 d = 3。

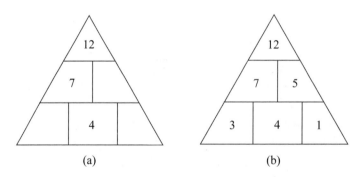

圖 2-2　數字三角形拼圖

學生可以象徵未知數量，且他理解不同的未知數量需要不同的符號，能夠解決每個方程式中的未知數，並在後續方程式中使用該訊息，發現 a = 5，e = 1 和 d = 3，對於學生來說，這已經成爲一種思維方式。

（八）運用百數表進行代數思維（Thinking Algebraically with the Hundred Chart）

算術一般化的機會幾乎無處不在！教師的教室裡有一張百數表嗎？三年級學生在這張圖表上尋找數字的圖形時，教師可問學生在數字之間移動，需要進行哪些操作（圖 2-3）？如果我現在在 75，而我要到 65，那該怎麼辦？最明顯的路徑是 75 直接向上移動一排，等於減去 １ ０ 一次，或

者向左移動單一個單位並從 75 減掉 1 十次。學生們開始觀察更複雜的動作，例如：46 變成 25 的結果，其中每個箭頭代表行和列之間的定向移動；也就是說，25 表示 46 向下移動 2 行，向右移動 1 列。在這種情況下，25 變成 46 表示 25 + 10 + 10 +1。當學生繼續進行此類問題時，他們開始注意到有關方向運動的一般化，他們很快看到 64（或 64 + 1 + 10）等於 75（或 64 + 10 + 1）。

　　代數思維在哪裡？從本質上講，學生們在結構上考慮了對數字的運算而無須算術即可進行計算。例如：對於 46，他們實際上並沒有計算 46 + 10 + 10 – 10 – 10。相反，他們分析了移動的結構：從 46 開始，先進行兩次下移再進行兩次上移，得出 46。當教師加上 20 並減去 20 時，教師什麼都未加是一般化，任何從其本身減去的數字為零或其符號形式 a – a = 0 的起點，其中 a 表示一個（實數）數字。

1	2	3	4	5	6	7	8	9	10
11	12	13	14	15	16	17	18	19	20
21	22	23	24	25	26	27	28	29	30
31	32	33	34	35	36	37	38	39	40
41	42	43	44	45	46	47	48	49	50
51	52	53	54	55	56	57	58	59	60
61	62	63	64	65 –1	66 –1	67 –1	68 –1	69 –1	70 –1
71 –1	72 –1	73 –1	74 –1	75	76	77	78	79	80
81	82	83	84	85	86	87	88	89	90
91	92	93	94	95	96	97	98	99	100

圖 2-3　百數表的應用

隨著愈來愈熟練地在數學中找到代數思維的方法，教師的節目將愈來愈多。為了幫助教師入門，本章介紹在算術和代數思維之間建立連接的思想，總結如下：

1. 尋找重要的算術屬性以進行一般化。
2. 設計計算問題不是隨機產生的，但是會導致數字和運算屬性的一般化。
3. 關於偶數的和與乘積進行歸納。
4. 透過刪除訊息使已知量在算術任務中未知。
5. 在算術任務中改變已知量以創建具有廣義解的一組數字語句。
6. 幫助學生樹立等值的代數思維。
7. 要求學生將單一數值的解決方案表示為未執行的運算（例如：兩個數字之和），這樣他們就會知道答案並不總是單一個數值。
8. 象徵和解決遺漏的數字句子。
9. 尋找自然地將符號引入學生思維的方法。
10. 當任務的數量未知時，請幫助學生表徵這些未知數。

函數思維

(一) 學生的函數思維（Functional Thinking in the Elementary Grades）

集成代數思維的另一種基本方法是透過函數的思維。函數思維是使用函數及關於函數進行構建、描述和推理的過程。它涉及代數思維，因為它包括對數據之間的關係進行一般化。

對於許多科學領域來說，函數思維讓我們的生活更安全、更簡單。可以使用函數來理解和建模許多現實世界的現象，例如：人口增長、天氣模式、經濟狀況、地下水汙染或飛機、建築物和橋梁的結構穩定性。這些函數進而使我們能夠預測現像在特定條件下的行為，颶風走什麼路？如果引入致命病毒，一個物種將會發生什麼？傾倒入垃圾掩埋場的汙染物將如何影響周圍居民的用水安全？地震將如何影響橋梁的穩定性？隨著我們對科

學理解變得愈來愈複雜，我們的學生需要能夠更好地思考這些複雜性，這包括對函數及其行為的理解。

（二）理解函數思維（Understanding Functional Thinking）

《學校數學的原則和標準》（NCTM, 2000）指出，小學的代數應該隨著時間的推移，幫助學生學習，諸如：

1. 描述和擴展幾何和數字模式的一般化，包括理解重複和增長模式如何生成的。
2. 使用單詞、符號、表格和圖形表徵和分析模式和函數，並在這些多種表徵形式之間進行翻譯。
3. 用字母或非文字符號表徵變量為未知量的想法。
4. 研究一個變量的變化與第二個變量的變化之間的關係；尋找並應用不同數量之間的關係進行預測。

函數是函數思維的核心。函數是一種數學陳述，描述兩個（或多個）量如何相對於彼此的變化；關係可以從非常簡單到非常複雜。它可以用單詞（words）或數學符號來描述，並且可以透過諸如圖形和表格的表徵來描繪。儘管數量之間的關係類型很多，但是函數之所以特殊，是因為它們反映了兩個數量之間特定的對應關係類型。即在函數中，一個數量的每個值（我們稱其為第一數量）對應於或唯一地與第二數量的值相關。

（三）尋找變項之間的關係（Looking Down or Looking Across?）

要查找任何數量的狗的眼睛總數，教師首先要描述兩個數量（狗的數量和眼睛的數量）的特定值如何相對於彼此的變化。例如：一條狗有 2 隻眼睛，二條狗有 4 隻眼睛，三條狗有 6 隻眼睛，依此類推。我們說這兩個數量同時變化，因為隨著狗的數量增加，眼睛的數量也增加。一個數量的變化會產生另一數量的變化，尋找它們之間的函數關係，涉及識別和描述總體上的變化。為此，將數據組織在函數表中，很有幫助。

　　因為眼睛的數量取決於狗的數量，所以我們說，眼睛的數量是依變量，而狗的數量是自變量。儘管不一定希望學生使用此術語（相反，有時將自變量非正式地稱為輸入，將依變量非正式地稱為輸出），但對學生他們而言，重要的是要知道一個量如何依賴另一個。函數表有助於使此依存的關係明確或可見，因為自變量（此處為狗的數量）始終記錄在第一列中，而依變量始終記錄在第二列中，該約定有助於學生直觀地將數據組織成為有意義的部分。

　　學生和教師對函數表中訊息的處理方式有所不同。第一個回應通常是找到一個遞迴模式，這涉及到在一系列的值中尋找一種關係。如果任務是描述狗眼的數量，則遞迴模式將重點放在狗眼的數量（第二列或依變量）上。換句話說，遞迴模式涉及透過探索諸如以下問題來找到值 2、4、6……的序列中的模式：我們可以對 2 執行什麼操作以獲得 4，然後對 4 執行以獲得 8？並利用這些訊息，我們可以預測 6 之後會有什麼值嗎？該模式使隱藏的狗隻數量保持隱藏，因為它沒有將狗數量與狗的眼睛數量聯繫起來。學生們經常將遞迴模式描述為每次加 2 個眼睛，他們可能沒有具體描述狗的數量如何與此模式相關。在小學階段的模式問題中，經常不討論或寫自變量，這種方法可能會限制學生獲得函數思維的深度。

　　遞迴模式的重要特徵是，找到模式涉及在值序列中尋找關係。在函數表中，這意味著向下看，其中包含狗眼的數量（依變量）。狗的數量不是此任務明確可見的部分，但是，如果想知道 200 條狗的眼睛數，只具有每次加 2 的遞迴模式，該怎麼辦？教師需要透過將兩個連續的總眼睛數來找到所有 200 條狗的眼睛數。換句話說，對於遞迴模式，在序列中查找特定值，需要先了解所有值。學生們很快意識到，對於 200 這樣的大數字，每次加 2 並不是最好的方法，這太麻煩了。儘管遞迴模式很有用，但它們限制可能會問的數學問題。

（四）函數思維是數學發展的重要部分

函數關係（與遞迴模式相對）的強大之處在於，它使我們能夠在不知道先前值的情況下，在任意點確定一個量的值。例如：如果我們要計算狗的眼睛，則可以使用函數規則 E = 2n（其中 E 代表眼睛數量，n 代表狗數量），以快速查找任意數量的狗的眼睛數量：如果有 200 條狗，那麼它的眼睛數是 2×200 = 400。在後來的幾年中，隨著學生在數學上變得更加成熟，他們將學會根據數量的變化或增長來分析函數及其圖形。雖然對成長和變化的非正式分析應從小學年級開始，但許多學生在高中代數課程和後來的微積分課程中更正式地遇到這種類型的分析。正是這種類型的分析有助於科學家了解現實世界中的現象如何行為及如何影響該行為。因此，函數的思維是數學發展的關鍵部分，引入關於小學中的函數的非正式概念可以使學生有更多的時間和空間來發展更複雜的理解。

第三節　建構與分析函數思維的工具

可以開發工具來幫助小學生們構建、分析和表徵函數思維。工具是學生創造和表達理解的對象。它們有多種形式。對於函數，它們可能是圖片、函數表、圖形、操作、數學符號，甚至是學生的自然語言。隨著學生發展使用各種工具並了解它們之間聯繫的能力，對函數思維的理解將加深。

（一）函數表（Function Tables）

正如前面所看到的，函數表可以以保留數據中，重要關係的方式幫助學生組織有關兩個不同數量的訊息。在同一列中列出了兩個數量的相應值，在同一行中列出了特定數量的值。在小學，函數表可以同時滿足算術思維和代數思維的目的。當需要支撐他們的思維時，學生們很快就會學會使用函數表來組織數據。當學生學習描述集合中對象的數量（例如：兩條

狗的眼睛數量）並將其記錄在表格中時，有關函數思維就會出現。對於學生來說，挑戰是在他們對集合和一對一之間的對應關係時，建立算術理解時，要數眼睛。

目標不僅是學習計數，還要學會計算彼此相關的數量（狗的數量和狗眼睛的數量），並透過函數表等結構來保持這種關係，該結構保留了此訊息可見。當學生們在表中記錄數字時，他們也開始研究數量之間的對應關係，因爲他們關注這些數字在表中的位置及數字位置所表現的涵義。他們了解到，第一列中有某些數字，第二列中有其他數字。他們了解到，當他們爲狗的數量記錄 2 時，在另一列中相應位置的狗眼數量也記錄爲 4。這個過程可以幫助學生開始在視覺和認知上跨欄查看，並同時跟蹤兩個量，這是函數的思維的重要早期步驟。

（二）從單詞到符號的應用（From Words to Symbols）

隨著學生變成更加熟練的數學思想家，他們可以從使用自然語言描述（狗的數量）轉向使用更多的符號語言（狗的數量爲 D）來描述或表徵數量和關係。當學生們探索數量及它們之間的關係時，他們開始意識到使用自然語言描述他們的想法可能很麻煩（例如：狗的數量，甚至狗），可以透過使用符號來簡化，例如：用字母代表數量（D 爲狗的數量）。儘管沒有一個從自然語言到象徵語言過渡的魔幻時代，但課堂研究顯示，當學生升入二、三年級時，他們可以學習使用字母（或其他非文字符號）來表徵未知或不同數量的字母。

這並不是說當學生使用字母來象徵數量或關係時，對這些字母作爲變量所代表的涵義有充分的了解。變量的概念要嘛是未知量（例如：等式 9 + 3 = x + 4 中的 x 值），要嘛是可以接受一定範圍值的量（例如：狗的數量）簡單的概念。建立變量概念尤其是函數關係中的涵義需要花費大量時間和經驗，但是正由於學生體驗到以符號方式談論和書寫量之間關係的方式，他們才開始對變量進行理解。從這個意義上說，教師起著至關重要的作用，因爲他們可以支撐學生如何表達他們的數學思想，從而使他們的語

言隨著時間的流逝而變得更加精緻、簡潔、更具象徵性。

（三）視覺的工具（Visual Tools）

對於許多學生來說，一張照片可能確實值一千個字。圖片、圖表、圖形和其他類型的視覺表徵形式是用於建模、記錄、合成或傳達數學訊息（包括有關函數思維的訊息）的重要工具。在小學早期，學生們依靠圖片幫助他們推理數據、模型情況或保持重要訊息可見

圖畫可能是原始的，但它們是學生代數推理的重要組成部分。作為表徵的一種方式，它們使數學思想更加具體和易於反思。如果沒有這樣的表達能力，將所有內容保存在記憶中的認知負荷就會阻礙學生的數學推理。在教師的指導下，隨著學生在數學上的成熟，他們使用的視覺工具也可以繪製函數表來協調數量之間的關係，以顯示計數數量之間的關係。教師無須將製圖工具限制為此類常規形式。傳統圖形的另一種替代方法是鼓勵學生發明自己的表徵形式。儘管此表徵形式不像頻率分布那樣協調數據，但確實顯示，替代圖形形式的威力在於，它們對於發明它們的學生具有重要意義。常規圖形和學生發明的圖形是推理函數的的重要工具，因為它們為學生提供了一種不同的視覺方式，以函數的關係接觸訊息。一些學生會喜歡函數表，一些學生會發現函數的符號表徵更有意義，但是如果透過圖形直觀地傳達函數的關係，則有些學生會更能理解函數的關係。無論學生喜歡哪種特定形式，請記住，如果學生能夠在所有這些表徵形式（單詞、符號、表格和圖形）之間進行導航，他們將對函數思維有更豐富、更緊密的聯繫。例如：圖 2-4 太空船 (s) 與太空人 (a) 的問題，學生透過圖像的觀察可以製成函數表進行推理。

最後，請注意函數圖非常重要，因為隨著學生學習更高的年級及以後的數學，他們將學會解釋包含在圖形形狀中的關鍵訊息。不同類型的函數具有不同的圖形表徵形式，理解這些差異是理解增長和變化的數學及最終概念的重要部分。因此，小學成為學生們開始學習構建和使用諸如圖表之類的視覺工具的重要場所。

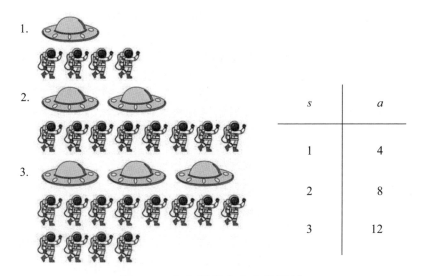

s	a
1	4
2	8
3	12

圖 2-4　太空船與太空人的關係

（四）對函數思維的說與寫（Children Thinking, Talking, and Writing About Functions）

代數思維的一個重要前提是，學生可以並且應該考慮、描述和推理函數的訊息。而且函數的思維不僅是針對更高年級的學生，學生除了可以找到遞迴模式之外，還可以開始關注數量之間的關係，他們可以學習如何在函數表中表徵和組織數據，可以繪製圖片以建模並支持其推理，可以學習使用日常語言來描述兩個量之間的簡單關係。老師幫助學生在函數表中整理數據並鼓勵他們查看表中的關係時，學生可以開始描述函數的關係，例如：每次我們再增加一隻狗，我們就會有兩隻眼睛。當學生們在高年級時遇到有關函數的的想法時，他們可以學會以數學上更複雜的方式進行推理。

第四節 　代數思維的教學實踐

　　有關代數思維的議題如在教學現場中實踐，茲以：(1) 學生不同等號概念解題教學（陳嘉皇，2010）、(2) 學生運用一般化基模進行圖形規律問題解題（陳嘉皇，2012a，2012b，2013）與 (3) 等量公理三個教學示例說明如何掌握代數思維要義進行課室教學與評量，以協助教師進行有效教學，促進學生最佳化學習。此三個教學示例其特質包含了以大單元領域和小單元議題作爲設計主軸，教師可以採取部分內容或依其重點加以選擇應用。

■一 不同等號概念解題教學

（一）設計理念

　　許多的研究發現學生因爲對等號概念有不適切的理解，以致於在數學表現上成就不佳。這些研究指出，學生常把等號視爲是種運算工具，解釋成「發現總和」或「將答案放在一起」的概念，凡是在算式等號的右邊就必須是答案，不容許有其他特例存在。就以學童對於 $8 + 4 = （ ） + 5$ 的算式，括弧裡應放入什麼數字時，大多數將括弧內的答案寫成 12，原因就在於運算產生的影響。學童要理解等號概念，學習的內涵應包含：(1) 加減兩步驟問題的紀錄格式，(2) 得到答案的等號意義，(3) 等值關係的等號意義，(4) 等號的應用。而要讓其在代數推理學習上有良好的根基，學童須能「從合成、分解的活動中，理解加減法的意義，使用＋、－、＝做成橫式記錄與直式記錄，並解決生活中的問題。」能在「具體情境中，認識等號兩邊數量一樣多的意義。」因爲當等號概念建立後，學童就能進一步「認識加法的交換律、結合律，並應用於簡化計算。」這樣的安排，希冀學童利用數學加、減的問題，從具體操作的活動中，透過合宜的教學引導，充分理解與應用等號的概念進行數學解題。審視現今國小低年級的數學教材，有關計算問題的安排與等式的記錄，大都呈現等號左邊運算、右

邊答案的情境，這樣的安排有其顧慮所在，一方面在於沒有合宜之等號概念教材與資訊提供，作爲教師專業發展、提升教學能力的基礎，另一方面則懷疑低年級學童是否具備足夠的認知能力，可接受不同等號概念情境的挑戰。

作者歸納出小學低年級學童進行等號概念學習時，所須具備的解題能力應包含：數值分解、合成能力，以 10 爲主的位值概念，及經由運算或操弄之後獲得的數字保留概念。並依據 Carpenter 等人（2003）的主張，將等號「反身性」、「單邊運算」、「等號雙邊運算」等概念，加以設計成爲教學的情境，依序安排：(1) 天平平衡，(2) 花片拼拼湊湊，(3) 等號算式解題等三階段的活動，讓學童透過實物操作及數字關係的辨識，展現不同情境所含之等號概念。

活動一： 天平平衡活動	活動二： 拼拼湊湊活動	活動三： 算式辨識活動

圖 2-5　等號概念教學活動

（二）教學單元案例

領域／科目	數學		設計者	
實施年級	一年級		**總節數**	8 節課
單元名稱	加法與減法的應用			
設計依據				
學習重點	**學習表現**	n-I-2 理解加法和減法的意義，熟練基本加減法並能流暢計算。 r-I-1 學習數學語言中的運算符號、關係符號、算式約定。	**核心素養**	數-E-A1 具備喜歡數學、對數學世界好奇、有積極主動的學習態度，並能將數學語言運用於日常生活中。 數-E-A2

學習重點	學習內容	R-1-1 算式與符號：含加減算式中的數、加號、減號、等號。以說、讀、聽、寫、做檢驗學生的理解。適用於後續階段。 N-1-3 基本加減法：以操作活動為主。以熟練為目標。指 1 到 10 之數與 1 到 10 之數的加法，及反向的減法計算。	核心素養	具備基本的算術操作能力、並能指認基本的形體與相對關係，在日常生活情境中，用數學表述與解決問題。 數-E-A3 能觀察出日常生活問題和數學的關聯，並能嘗試與擬訂解決問題的計畫。在解決問題之後，能轉化數學解答於日常生活的應用。 數-E-B1 具備日常語言與數字及算術符號之間的轉換能力，並能熟練操作日常使用之度量衡及時間，認識日常經驗中的幾何形體，並能以符號表示公式。 數-E-C1 具備從證據討論事情，以及和他人有條理溝通的態度。 數-E-C2 樂於與他人合作解決問題並尊重不同的問題解決想法。
議題融入	實質內涵			
	所融入之學習重點	• 性別平等教育 2-3-2 學習在性別互動中，展現自我的特色。 2-3-4 尊重不同性別者在溝通過程中，有平等表達的權利。 • 人權教育 1-3-1 表達個人的基本權利，並了解人權與社會責任的關係。 • 語文 2-3-1 能培養良好的聆聽態度。 3-3-1 能充分表達意見。 3-3-4 能把握說話重點，充分溝通。		

與其他領域 / 科目的連結	藝術與人文、健康與體育
教材來源	數學教科書
教學設備 / 資源	天平、花片、數字卡、數字運算閃示卡、色紙

學習目標
一、理解等號之「反身性」、「單邊運算」、「等號雙邊運算」等概念。
二、理解加法和減法的意義，熟練基本加減法並能流暢計算。

教學活動設計		
教學活動內容及實施方式	時間	備註
活動一、天平兩邊平衡操作與運算 1. 教師介紹天平代表等號，因為兩邊不管怎麼變化，一定要等值時才會平衡。以白色古式積木作為砝碼運用，教師進行布題。 2. 天平兩邊同時加減的練習 　(1) $4 + 3 = 5 + （　）$ 　　老師先將天平左邊放 4 個積木，右邊放 5 個積木，問小朋友兩邊是否平衡？小朋友回答沒有，這時候哪邊比較多呢？小朋友回答右邊。 　　然後老師在左邊再放 3 個積木，並表示 $4 + 3 = 7$，這時右邊已經有 5 個，怎麼樣才會和左邊平衡，小朋友回答要加上 2 個，因此右邊是 $5 + 2 = 7$，而左邊是 $4 + 3 = 7$，所以 $4 + 3 = 5 + 2$。 　(2) $2 + 3 = 9 - （　）$ 　　老師先將天平左邊放 2 個積木，右邊放 9 個積木，問小朋友兩邊是否平衡？小朋友回答沒有，這時候哪邊比較多呢？小朋友回答右邊。 　　然後老師在左邊再放 3 個積木，並表示 $2 + 3 = 5$，這時右邊已經有 9 個，怎麼樣才會和左邊平衡，小朋友回答要減掉 4 個，因此右邊是 $9 - 4 = 5$，而左邊是 $2 + 3 = 5$，所以 $2 + 3 = 9 - 4$。 　(3) $9 - （　）= 4 + 2$ 　　老師先將天平左邊放 9 個積木，右邊放 4 個積木，	1 節	教師準備簡易天平並事先校準，以兩人一組進行操作觀察和記錄

問小朋友兩邊是否平衡？小朋友回答沒有，這時候哪邊比較多呢？小朋友回答左邊。 然後老師在右邊再放 2 個積木，並表示 $4+2=6$，這時左邊已經有 9 個，怎麼樣才會和右邊平衡，小朋友回答要減掉 3 個，因此左邊是 $9-3=6$，而右邊是 $4+2=6$，所以 $9-3=4+2$。 (4) $8-（\quad）=6-3$ 　　老師先將天平左邊放 8 個積木，右邊放 6 個積木，問小朋友兩邊是否平衡？小朋友回答沒有，這時候哪邊比較多呢？小朋友回答左邊。 　　然後老師在右邊拿走 3 個積木，並表示 $6-3=4$，這時左邊已經有 8 個，怎麼樣才會和右邊平衡，小朋友回答要減掉 5 個，因此左邊是 $8-5=3$，而右邊是 $6-3=3$，所以 $8-5=6-3$。		
3. 老師發給學童每人兩張不同顏色的紙，代表天平兩端的盒子，並給學童數個花片，讓學童操弄，以判斷學童對於等號代表兩邊等值的概念是否理解。 (1) $5+3=4+（\quad）$ 　　老師要求學童在左邊紅色的紙上放 5 個花片，右邊綠色的紙上放 4 個花片，問小朋友兩邊的花片是否一樣？小朋友回答沒有，這時候哪邊的（哪種顏色的紙上）花片比較多呢？小朋友回答右邊。 　　然後老師要求學童在左邊紅色的紙上再放 3 個花片，並表示 $5+3=8$，這時右邊綠色的紙上已經有 4 個花片，怎麼樣才會和左邊紅色紙上的花片一樣多，小朋友回答要在綠色紙上加上 4 個花片，因此右邊是 $4+4=8$，而左邊是 $5+3=8$，所以 $5+3=4+4$。 (2) $4+2=8-（\quad）$ 　　老師要求學童在左邊紅色的紙上放 4 個花片，右邊綠色的紙上放 8 個花片，問小朋友兩邊的花片是否一樣？小朋友回答沒有，這時候哪邊的（哪種顏色的紙上）花片比較多呢？小朋友回答右邊。	2 節	抽離天秤教具，改以半具體方式引導學生進行等號兩邊運算。

然後老師要求學童在左邊紅色的紙上再放 2 個花片，並表示 4 + 2 = 6，這時右邊綠色的紙上已經有 8 個花片，怎麼樣才會和左邊紅色紙上的花片一樣多，小朋友回答要在綠色紙上減掉（拿走）2 個花片，因此右邊是 8 − 2 = 6，而左邊是 4 + 2 = 6，所以 4 + 2 = 8 − 2。 (3) 7 − ( ) = 2 + 3 　老師要求學童在左邊紅色的紙上放上 7 個花片，右邊綠色的紙上放 2 個花片，問小朋友兩邊的花片是否一樣？小朋友回答沒有，這時候哪邊比較多呢？小朋友回答左邊。 　然後老師要求學童在右邊綠色的紙上再放 3 個花片，並表示 2 + 3 = 5，這時左邊紅色紙上已經有 7 個花片，怎麼樣才會和右邊綠色紙上的花片一樣多，小朋友回答要拿掉 2 個花片，因此左邊紅色紙上的花片是 7 − 2 = 5，而右邊綠色紙上的花片是 2 + 3 = 5，所以 7 − 2 = 2 + 3。 (4) 9 − ( ) = 7 − 3 　老師要求學童在左邊紅色的紙上放上 9 個花片，右邊綠色的紙上放 7 個花片，問小朋友兩邊的花片是否一樣？小朋友回答沒有，這時候哪邊比較多呢？小朋友回答左邊。 　然後老師要求學童在右邊綠色的紙上拿走 3 個花片，並表示 7 − 3 = 4，這時左邊紅色紙上已經有 9 個花片，怎麼樣才會和右邊綠色紙上的花片一樣多，小朋友回答要拿走 5 個花片，因此左邊紅色紙上的花片是 9 − 5 = 4，而右邊綠色紙上的花片是 7 − 3 = 4，所以 9 − 5 = 7 − 3。 4. 運用數字卡思考找出括弧的答案 　找出和等號左邊或右邊數字卡一樣答案的算式 (1) 3 + 3 = 5 + ( )　　　(2) 9 − 7 = 6 − ( ) (3) 5 + ( ) = 9 − 3　　　(4) 8 − ( ) = 2 + 4 說說看，你們發現什麼？	 1 節	 學生利用數字卡的呈現進行運算 教師準備簡易天平並事先校準，以兩人一組進行操作觀察和記錄

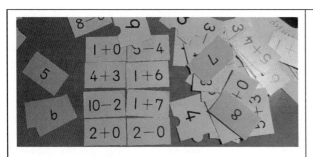

活動二、同一性問題設計（天平平衡）

一、介紹天平代表等號，因為兩邊不管怎麼變化，一
　　定要等值時才會平衡。教師布題：

二、天平平衡練習

1. 老師在天平左邊放 8 個積木，問學童要讓天平平衡，
　　右邊要放幾個積木？並呈現 8＝8 的算式。

2. 老師在天平右邊放 6 個積木，問學童要讓天平平衡，
　　左邊要放幾個積木？並呈現 6＝6 的算式。

3. 老師在天平左右兩邊各放 5 個積木，左邊拿走 0 個
　　積木，呈現 5－0＝5 的算式，並問學童右邊要拿走
　　幾個積木才會平衡？學童回答拿走 0 個，此時右邊
　　可以寫成算式 5－0＝5，所以 5－0＝5－0。

4. 老師在天平左右兩邊各放 8 個積木，左邊拿走 0 個
　　積木，呈現 8－0＝8 的算式，並問學童右邊要要放
　　進幾個積木才會平衡？學童回答要放進 0 個，此時
　　右邊可以寫成算式 8＋0＝8，所以 8－0＝8＋0。

5. 老師問學童：天平左邊的秤盤是空的，右邊要放幾
　　個積木才會平衡？學童會回答 0 個，此時呈現算式 0
　　＝0。

三、花片練習

老師發給學童每人兩張不同顏色的紙，代表天平兩端
的盒子，並給學童數個花片，讓學童操弄，以判斷學
童對於等號代表兩邊等值的概念是否理解。

1. 老師要求學童先在右邊的綠色紙上放上 7 個花片，
　　左邊紅色紙上要放多少花片，兩邊的花片才會一樣
　　多，學童回答 7 個花片。因此可以呈現 7＝7 的算式。

1 節

抽離天秤教具，
改以半具體方式
引導學生進行等
號兩邊運算。

2. 老師要求學童先在左邊的紅色紙上放上 4 個花片，右邊綠色紙上要放多少花片，兩邊的花片才會一樣多，學童回答4個花片。因此可以呈現4 = 4的算式。	1 節	學生利用數字卡呈現方式進行運算。
3. 老師要求學童先在右邊的綠色紙上放上 0 個花片，左邊紅色紙上要放多少花片，兩邊的花片才會一樣多，學童回答0個花片。因此可以呈現0 = 0的算式。		教師準備簡易天平並事先校準，以兩人一組進行操作觀察和記錄。
4. 老師要求學童先在左右兩邊的紙上放上 6 個花片，然後左邊紅色紙上拿下 0 個花片，會剩下幾個花片，學童回答 6 個花片，因此可以呈現 6 − 0 = 6，右邊綠色紙上要放多少花片，兩邊的花片才會一樣多，學童回答 0 個花片，可以呈現 6 + 0 = 6。因此可以呈現 6 − 0 = 6 + 0 的算式。		
5. 老師要求學童先在左右兩邊的紙上放上 5 個花片，然後右邊綠色紙上拿走 0 個花片，會剩下幾個花片，學童回答 5 個，因此可以呈現 5 − 0 = 5，左邊紅色紙上要放多少個花片，兩邊的花片才會一樣多，學童回答 0 個花片，可以呈現 5 + 0 = 5。因此可以呈現 5 + 0 = 5 − 0 的算式。		
四、運用數字卡思考找出括弧的答案 找出和等號左邊或右邊數字卡一樣答案的算式 (1) $3 + 0 = 3 + ($ 　$)$　　　　(2)$9 − 0 = 9 − ($ 　$)$ (3) $5 = ($ 　$)$　　　　(4) $($ 　$) = 8$ 說說看，你們發現什麼？	2 節	
活動三、等號單邊運算練習 一、介紹天平代表等號，因為兩邊不管怎麼變化，一定要等值時，才會平衡。教師布題： 二、天平平衡練習 1. $3 + 6 = ($ 　$)$ 　老師將天平左端放上 3 個積木，然後再放上 6 個積木（$3 + 6$），問學童右邊需要放上幾個積木，兩邊才會平衡，學童回答 9 個，因此可以寫出算式 $3 + 6 = 9$。		抽離天秤教具，改以半具體方式引導學生進行等號兩邊運算。

2. 8 − 4 = （　）

　　老師將天平左端放上 8 個積木，然後拿走 4 個積木（8 − 4），問學童右邊需要放上幾個積木，兩邊才會平衡，學童回答 4 個，因此可寫出算式 8 − 4 = 4。

3. （　） = 2 + 7

　　老師將天平右端放上 2 個積木，然後再放上 7 個積木（2 + 7），問學童左邊需要放上幾個積木，兩邊才會平衡，學童回答 9 個，因此可寫出算式 9 = 2 + 7。

4. （　） = 9 − 6

　　老師將天平右端放上 9 個積木，然後拿走 6 個積木（9 − 6），問學童左邊需要放上幾個積木，兩邊才會平衡，學童回答 3 個，因此可寫出算式 3 = 9 − 6。

三、花片練習

老師發給學童每人兩張不同顏色的紙，代表天平兩端的盒子，並給學童數個花片，讓學童操弄，以判斷學童對於等號代表兩邊等值的概念是否理解。

1. 老師要求學童先在左邊的紙上放上 5 個花片，然後拿走 2 個花片，會剩下幾個花片，學童回答 3 個花片，因此可以呈現 5 − 2，右邊綠色紙上要放多少花片，兩邊的花片才會一樣多，學童回答 3 個花片，可以呈現 5 − 2 = 3。

2. 老師要求學童先在左邊的紙上放上 5 個花片，然後再放上 4 個花片，會有幾個花片，學童回答 9 個，因此可以呈現 5 + 4，右邊綠色紙上要放多少個花片，兩邊的花片才會一樣多，學童回答 9 個花片，可以呈現 5 + 4 = 9。

學生利用數字卡呈現方式進行運算

3. 老師要求學童先在右邊的紙上放上 6 個花片，然後拿走 3 個花片，會剩下幾個花片，學童回答 3 個花片，因此可以呈現 6 − 3，左邊紅色紙上要放多少花片，兩邊的花片才會一樣多，學童回答 3 個花片，可以呈現 3 = 6 − 3。 4. 老師要求學童先在右邊的紙上放上 3 個花片，然後再放上 6 個花片，會有幾個花片，學童回答 9 個，因此可以呈現 3 + 6，左邊紅色紙上要放多少個花片，兩邊的花片才會一樣多，學童回答 9 個花片，可以呈現 9 = 3 + 6。 四、利用數字卡思考找出括弧的答案 找出和等號左邊或右邊數字卡一樣答案的算式。 (1) 3 + 4 = （　）　　(2) 9 − 5 = （　） (3) （　） = 5 + 3　　(4) （　） = 8 − 6 說說看，你們發現什麼？		

素養評量：

了解自我與發展潛能

　　◆挑戰並增加自我的數學能力。

□欣賞表現與創新

■生涯規劃與終身綱要

　　◆具有終身學習所需的數學基本知識。

■表達、溝通與分享

　　◆從數學的觀點推測及說明解答的屬性及合理性。

　　◆與他人分享思考歷程與成果。

■尊重、關懷與團隊合作

　　◆互相幫助解決問題。

　　◆尊重同儕解決數學問題的多元想法。

□文化學習與國際理解

□規劃、組織與實踐

□運用科技與資訊

□主動探究與研究

■獨立思考與解決問題

以數、形、量的概念與方法，探討並解決問題。

二 圖形規律一般化問題解題

（一）設計理念

運用一般化呈現數學概念進而解題是代數思考的核心，雖然課程綱要強調代數思考的重要性，小六數學課本也編列相關單元內容（例如：數量關係、怎樣解題）以教導代數思考，然而學生學習一般化有其困難所在，這牽涉到學生認知、教材特性與學習方法。為提升一般化學習成效，小學階段可運用圖形表徵促進學生一般化的學習，因為圖形的樣式能有效導引學生洞悉代數規則，經觀察相關要素後，可理解圖形問題中變數的特質與其結構關係。有效的一般化關聯以下問題：(1) 何種特質的作業才可協助學生進行一般化？(2) 在解題線索有限的範例中，何種連結歷程可促進學生發展一般化？(3) 學生連結及歸納的一般化的能力如何，需具備何種基模才能進行擴展與解題？

Rivera（2010）長期研究學生對圖形樣式一般化產出的認知表現，認為有意義的一般化活動需包含兩項行動：(1) 對圖形物件進行發想和歸納（abductive and inductive action on objects），包含使用不同的計數與分離樣式中部分物件等相關方法，(2) 符號化（symbolic action），包含對一般化形式的轉換，例如：用算式呈現問題結構的關係。Rivera（2010）進一步描繪學生對圖形樣式一般化行動的歷程，如圖 2-6 所示。Rivera（2007）為使學生在一般化產出聚焦的行動，提出一般化作業之指引，其歷程為：

1. 描述教師看到了什麼？
2. 此圖形的規律如何發展？
3. 從某一圖形至次一圖形時，什麼物件會改變，什麼還會保持一樣？
4. 從某一圖形至次一圖形，保持一樣的變數是什麼？將它呈現出來。
5. 第一個圖形到第二個圖形有多少物件的數量增加？第二個圖形到第三個圖形有多少物件的數量增加？第四個圖形有多少物件的數

量增加？

6. 圖形的序號與增加的物件數量之間有何關係？

7. 第二個圖形有多少物件的數量增加？可否採用乘法或其他有別於加法的方式表示，呈現出來。

8. 如果 P 代表圖形的序號，S 表示物件的總數量，利用算式呈現出 P 和 S 的關係，並解釋公式所代表之圖形的意義。

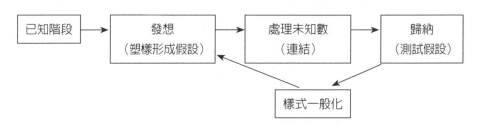

圖 2-6　一般化塑樣與假設之行動歷程

資料來源：Rivera, F. D. (2010). Visual templates in pattern generalization activity. Educational Studies in Mathematics, 73, 297-328.

　　針對提升一般化學習的要點，進行樣式作業的設計，以激發學生利用視覺化辨識問題變數的發展，進而歸納問題結構的規則。圖形為具一次函數特徵的圖形（圖形轉換數字為 8、12、16、20），即各圖形之間的變化具等差的性質。選擇此問題之理由，一方面配合 Rivera（2010）提出之一般化概念模式發想、連結與歸納各階段發展所需基模知識，以能引導學生建構與發展出明確的一般化基模，並利用解題；另一方面，此問題可推估與理解學生一般化概念時，其基模知識的建構、轉換和擴展情形。各作業具備之特徵與題型如下：

1. 單位結構化（*structural unit*）：將圖形或數字序列中重複出現相同規則特質的物件予以單位化，並以此單位結構說明問題的變化。

2. 圖次間變項的組合（*stage-driven grouping*）：將數學物件變化的規則（公差）與圖次序號結合成有意義的關係，並能對此關係的

建立加以臆測和連結。

3. 發展樣式結構的規則（*pattern rule*）：整合圖形序列問題中各變數的關係，利用表列式或數學符號呈現問題的結構。

4. 知識或概念的效果：將建立的規則或公理加以檢驗，並擴展、應用至其他數學情境進行解題。

（二）教學單元案例

領域／科目	數學		設計者	
實施年級	六年級		總節數	2 節課
單元名稱	怎樣解題：方陣問題			
設計依據				
學習重點	學習表現	n-III -10 嘗試將較複雜的情境或模式中數量關係以算正確表述，並據推理解。 r-III -3 觀察情境或模式中的數量關係，並用文字或符號正確表述，協助推理與解題。	核心素養	數-E-A1 具備喜歡數學、對數學世界好奇、有積極主動的學習態度，並能將數學語言運用於日常生活中。 數-E-A2 具備基本的算術操作能力、並能指認基本的形體與相對關係，在日常生活情境中，用數學表述與解決問題。 數-E-A3 能觀察出日常生活問題和數學的關聯，並能嘗試與擬訂解決問題的計畫。在解決問題之後，能轉化數學解答於日常生活的應用。 數-E-B1 具備日常語言與數字及算術符號之間的轉換能力，並能
	學習內容	R-6-1 數的計算規律：小學最後應認識 (1) 整數、小數、分數都是數，享有一樣的計算規律。(2) 整數乘除計算及規律，因分數運算更容易理解。(3) 逐漸體會乘法和除法的計算實為一體。併入其他教學活動。		

		R-6-2 數量關係：代數與函數的前置經驗。從具體情境或數量模式之活動出發，做觀察、推理、說明。 R-6-3 數量關係的表示：代數與函數的前置經驗。將具體情境或模式中的數量關係，學習以文字或符號列出數量關係的關係式。	熟練操作日常使用之度量衡及時間，認識日常經驗中的幾何形體，並能以符號表示公式。 數-E-B2 具備報讀、製作基本統計圖表之能力。 數-E-C1 具備從證據討論事情，以及和他人有條理溝通的態度。 數-E-C2 樂於與他人合作解決問題並尊重不同的問題解決想法。
議題融入	實質內涵		
	所融入之學習重點	• 性別平等教育 2-3-2 學習在性別互動中，展現自我的特色。 2-3-4 尊重不同性別者在溝通過程中有平等表達的權利。 • 人權教育 1-3-1 表達個人的基本權利，並了解人權與社會責任的關係。 • 語文 2-3-1 能培養良好的聆聽態度。 3-3-1 能充分表達意見。 3-3-4 能把握說話重點，充分溝通。	
與其他領域／科目的連結		藝術與人文	
教材來源		教科書	
教學設備／資源		小白板、白板筆，百格表、一包黑色和白色積木	
學習目標			
1. 能理解題意，並能以畫圖、製作表格方式尋找問題中物件的變化規律。 2. 能觀察圖形變化，利用圖表尋找規律並推演解題。			

教學活動設計		
教學活動內容及實施方式	時間	備註
課前準備： 1. 學生已具備正方形圖形面積與周長公式，並能根據情境需求運用其正確解題。 2. 全班可依人數以 2 至 3 人分組，每組皆先指派任務給相對應的人員進行作業。 3. 學生知道報告的流程，包含開頭介紹與結束用語。 4. 課前準備上課時所需的小白板、白板筆，百格表，一包花片。 ---------- 本節課開始 ---------- T：你們看到這一片地板，發現了什麼？ S：它們是由許多黑色的磁磚圍起來的正方形、正方形大小不同、黑色正方形裡有白色磁磚的正方形……（學生自由發表） T：這些黑色磁磚圍起來的正方形有大有小，我們現在想想，如果要知道這些正方形是由多少黑色的小正方形磁磚圍成，有何規則呢？首先，我們將這些黑色的正方形由小到大排列如下，想想看要怎麼算出這些正方形是由多少的黑色瓷磚排成的？ 圖1　　圖2　　　圖3　　　　圖4 甲組 S：我們的想法是將整個（含黑色和白色磁磚）區域的正方形磁磚算出後，再減去中間白色的磁磚，剩下來的就是黑色瓷磚的數量，因為裡外都是正方形，利用正方形的面積公式：邊長 × 邊長，就可得到磁磚的數量。 乙組 S：我們算黑色的磁磚數，可以看見每個圖中的黑色正方形是由 2 行和 2 列組合而成，所以我們用（行＋列）×2 的方式計算。	1 節	觀察紀錄操作： 1. 圖形是由黑色和白色方格組合而成的方陣圖像。 2. 內部是白色的正方形圖形，外環是黑色正方形圖形。 3. 圖形內的正方形方格和黑色方格會隨圖次增加而增加。 能說出解題的思維與步驟

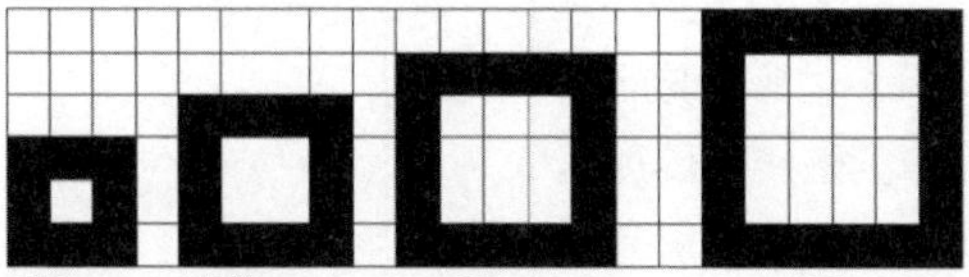

丙組 S：我們也是直接算黑色磁磚的數量，我們以白色磁磚每邊的數量為主，它剛好等於黑色磁磚的四個邊的數量再加上 4，就可得到黑色正方形的數量。 T：非常好，每組都有自己解題的策略和方法，現在就將你們的想法利用表格的方式把它整理出來，等下上台說說看，你們怎麼得到黑色磁磚數量的方法。 甲組 S：	1 節	能依觀察與解題的思維，將想法記錄於表格內 發現白色方格與黑色方格之間的關係 說明圖次遞增時，圖形內黑色方格與白色方格增加數量的變化

甲組 S：

圖次	圖1	圖2	圖3	圖4
白色磁磚	1(1×1)	4(2×2)	9(3×3)	16(4×4)
全部磁磚	9(3×3)	16(4×4)	25(5×5)	36(6×6)
黑色磁磚	8(3×3 − 1×1)	12(4×4 − 2×2)	16(5×5 − 3×3)	20(6×6 − 4×4)

我們發現第 1 個圖裡面，白色磁磚的邊長是 1，所以 $1×1 = 1$，外面全部的邊長是白色 1 加上旁邊的 2 個會變成 3，$3×3 = 9$；第 2 個圖裡面白色磁磚邊長是 2，$2×2 = 4$，外面全部的邊長是白色 2 加上旁邊的 2 個會變成 4，$4×4 = 16$；全部圖形的邊長是裡面白色磁磚邊長加上 2。第 3 個圖裡面白色磁磚邊長是 3，$3×3 = 9$，外面全部的邊長是白色 3 加上旁邊的 2 個會變成 5，$5×5 = 25$；全部圖形的邊長是裡面白色磁磚邊長加上 2。第 4 個圖裡面白色磁磚邊長是 4，$4×4 = 16$，外面全部的邊長是白色 4 加上旁邊的 2 個會變成 6，$6×6 = 36$；全部圖形的邊長是裡面白色磁磚邊長加上 2。

乙組 S：

對各組產出之規則的數學思維的異同，進行比較與理解

圖次	圖1	圖2	圖3	圖4
行的磁磚	$3×2 = 6$	$4×2 = 8$	$5×2 = 10$	$6×2 = 12$
列的磁磚	$1×2 = 2$	$2×2 = 4$	$3×2 = 6$	$4×2 = 8$
黑色磁磚	$(3 + 1)×2$ $= 8$	$(4 + 2)×2$ $= 12$	$(5 + 3)×2$ $= 16$	$(6 + 4)×2$ $= 20$

第 1 個圖裡列的數量是 1，1×2 = 2；行是 3；第 2 個圖裡列的數量是 2，2×2 = 4；行是 4，行的數量比列的數量多 2；第 3 個圖裡列的數量是 3，3×2 = 6；行是 5，行的數量也比列的數量多 2；第 4 個圖裡列的數量是 4，4×2 = 6；行是 6，行的數量也比列的數量多 2；丙組 S：

圖次	圖 1	圖 2	圖 3	圖 4
白色磁磚邊	1×4 = 4	2×4 = 8	3×4 = 12	4×4 = 16
四點的磁磚	4	4	4	4
黑色磁磚	(1×4) + 4 = 8	(2×4) + 4 = 12	(3×4) + 4 = 16	(4×4) + 4 = 20

第 1 個圖白色磁磚邊長是 1，外面有 4 組一樣的數量所以是 1×4 = 4，再加上 4 個頂點是 8；第 2 個圖白色磁磚邊長是 2，外面有 4 組一樣的數量，所以是 2×4 = 8，再加上 4 個頂點是 12；第 3 個圖白色磁磚邊長是 3，外面有 4 組一樣的數量，所以是 3×4 = 12，再加上 4 個頂點是 16；第 4 個圖白色磁磚邊長是 4，外面有 4 組一樣的數量，所以是 4×4 = 16，再加上 4 個頂點是 20；

T：各組都用了不同的方法算出黑色磁磚的數量，也說明了他們解題的想法，有的組別利用面積、有的利用行列關係、有的利用四邊加頂點方式，非常棒，接下來比較這三組同學製作的表格，你們研究哪些地方是一樣的，說出你觀察到的結果。

S：他們每個圖的黑色磁磚數量答案都一樣，第 1 個圖是 8 個，第 2 個圖是 12 個……；依照圖次的變化，每次都會多 4 個黑色磁磚；白色磁磚的邊長和圖次是一樣的，圖 1 白色瓷磚邊長是 1，圖 2 白色磁磚邊長是 2……；每個圖中黑色磁磚的邊長是白色磁磚邊長多 2；黑色磁磚邊長比白色磁磚邊長多 2，四個邊剛好就是多了 4 個頂點的數目。

能以未知數 A 表示觀察出的物件數量與列式呈現出情境的關係

T：非常好，同學們都看見了圖次和白色磁磚邊長一樣的趨勢，也了解每個圖次中黑色磁磚邊長比白色磁磚邊長多 2 的關係，如果我們把白色磁磚的邊長或是圖次用 A 表示，可以把它歸納出怎樣的規則來，寫下來並說出想法。 甲組 S：$(A+2) \times (A+2) - A \times A$；$A+2$ 是 A 圖裡全部正方形的邊長，A 是 A 圖裡白色正方形的邊長。 乙組 S：$(A+2+A) \times 2$；$A+2$ 是 A 圖裡黑色磁磚行的邊長，A 是 A 圖裡黑色磁磚列的邊長，有 2 行 2 列，所以（行＋列）$\times 2$。 丙組 S：$(A \times 4) + 4$；$A \times 4$ 是 A 圖裡白色磁磚邊長對應 4 個邊的數量，4 是 A 圖裡四個頂點黑色磁磚數。 T：好，接下來就用你們發展出的公式，針對下面的問題解題。 (1) 依照這種方式變化，在第 5 個圖時，黑色磁磚的數目共有幾個？ (2) 依照這種方式變化，在第 10 個圖時，黑色磁磚的數目共有幾個？ (3) 黑色磁磚的數目是 84 個時，應該是第幾個圖？ (4) 第 P 個圖時，黑色磁磚的數目是 124 個，P 應該是第幾個圖？ (5) 第 50 個圖時，黑色磁磚的數目是 S 個，S 的答案是幾個黑色磁磚？		

素養評量：

利用表格表畫出方陣，觀察方陣中黑色與白色方格的變化，尋找出變數與不變數，理解圖次與黑色和白色方格數量變化的關係，把具體操作轉換成抽象思考，尋找出規則，經由量進入數。

學生能知道，不同的數學思維產生不同的規則，但彼此之間仍具有等價的關係，此規則可銜接以後的函數。透過實際觀察與數學一般化，讓學生學會運用數學思維推演出答案。

■了解自我與發展潛能

　　◆挑戰並增加自我的數學能力。

□欣賞表現與創新
■生涯規劃與終身綱要
　　◆具有終身學習所需的數學基本知識。
■表達、溝通與分享
　　◆從數學的觀點推測及說明解答的屬性及合理性。
　　◆與他人分享思考歷程與成果。
■尊重、關懷與團隊合作
　　◆互相幫助解決問題。
　　◆尊重同儕解決數學問題的多元想法。
□文化學習與國際理解
□規劃、組織與實踐
□運用科技與資訊
□主動探究與研究
■獨立思考與解決問題
以數、形、量的概念與方法探討並解決問題。

三 等量公理：加減法的運算

（一）設計理念

　　等量公理概念的發展在學生低年級時即已開始，其中最容易運用與協助的工具是天平，因此透過天平兩邊秤盤物件相等的遊戲，可以培養學生等量公理的概念平衡。本活動設計的重點為學生在實際操作過程中，能理解等式左右同加一數時，等式仍然成立與等式左右同減一數時，等式仍然成立。能運用等量公理概念，進行思維算出未知數的答案。學生於五年級下學期學習過利用符號表示未知數與將問題情境列成含未知數的加、減、乘、除算式題；於之前單元〔比與比值〕、〔正比〕時，學習用 x、y……列成含未知數的算式題。本教學活動利用實際操作天平，讓學生理解等式左右同加、同減一數時，等式仍然成立。讓學生在操作中，把具體操作轉換成抽象思考，經由量進入數。希望學生能知道，未知數可以在等號左邊

也能在等號右邊，經由未知數到變數，再銜接以後的函數。透過實際操作，讓學生學會運用等量公理算出答案。

（一）教學單元案例

領域／科目	數學	設計者	
實施年級	六年級	總節數	1 節課
單元名稱	等量公理─加減法		
設計依據			

學習重點	學習表現	r-III -3 觀察情境或模式中的數量關係，並用文字符號正確表述協助推理與解題。	核心素養	數-E-A1 具備喜歡數學、對數學世界好奇、有積極主動的學習態度，並能將數學語言運用於日常生活中。 數-E-A2 具備基本的算術操作能力、並能指認基本的形體與相對關係，在日常生活情境中，用數學表述與解決問題。 數-E-A3 能觀察出日常生活問題和數學的關聯，並能嘗試與擬訂解決問題的計畫。在解決問題之後，能轉化數學解答於日常生活的應用。 數-E-B1 具備日常語言與數字及算術符號之間的轉換能力，並能熟練操作日常使用之度量衡及時間，認識日常經驗中的幾何形體，並能以符號表示公式。
	學習內容	R-6-2 數量關係：代數與函數的前置經驗。從具體情境或數量模式之活動出發，做觀察、推理、說明。 R-6-3 數量關係的表示：代數與函數的前置經驗。將具體情境或模式中的數量關係，學習以文字或符號列出數量關係的關係式。		

學習重點	學習內容		核心素養	數-E-B2 具備報讀、製作基本統計圖表之能力。 數-E-C1 具備從證據討論事情,以及和他人有條理溝通的態度。 數-E-C2 樂於與他人合作解決問題並尊重不同的問題解決想法。
議題融入	實質內涵			
	所融入之學習重點	• 性別平等教育 2-3-2 學習在性別互動中,展現自我的特色。 2-3-4 尊重不同性別者在溝通過程中,有平等表達的權利。 • 人權教育 1-3-1 表達個人的基本權利,並了解人權與社會責任的關係。 • 語文 2-3-1 能培養良好的聆聽態度。 3-3-1 能充分表達意見。 3-3-4 能把握說話重點,充分溝通。		
與其他領域 / 科目的連結	健康與體育			
教材來源	教科書			
教學設備 / 資源	天平、白色古式積木、白板筆、小白板			
學習目標				
1. 能理解等式左右同加一數時,等式仍然成立。 2. 能理解等式左右同減一數時,等式仍然成立。				

教學活動設計		
教學活動內容及實施方式	時間	備註
課前準備： 1. 學生已學會操作天平，知道一個白色古式積木是 1 公克。 2. 全班 21 人分成五組，每組 4 人（其中一組為 5 人），有固定的職稱，老闆、經理、教練、球員，每次活動皆會指派任務給相對應的職位。 3. 學生知道報告的流程包含開頭介紹與結束用語。 4. 課前準備上課時所需的小白板、白板筆，每組一台天平並校準，一包小白積木。 ---------- 本節課開始 ---------- 【活動】實際操作天平（理解等式左右同加、同減一數時，等式仍然成立） 教師布題：有一袋物品重 a 克，放上天平左邊後，觀察天平的變化。 觀察這一袋物品（a + 10）放在天平上的秤盤上會怎樣？要怎樣做，天平才會平衡？ T：再將這一袋物品旁放上 10 克砝碼，並想辦法讓天平達到平衡。說說看，怎樣做天平才會平衡？ T：天平左邊的重量要怎麼表示？平衡時，右邊重量是多少，寫下來。天平達到平衡時，可以用數學符號＝等號，表示天平左右兩邊的重量相等。		教師教學時，特別注意討論和語意的轉換，釐清學生表達的數學概念 不要求學生放在左邊或是右邊，希望讓學生知道，未知數在左邊或是在右邊，並不會影響等式 觀察紀錄操作 1. 天平會往下傾斜。 2. 另一秤盤放了 30 克砝碼會平衡。 3. 左邊秤盤的重量是 a + 10，右邊是 30 a + 10 = 30。 紀錄操作 左邊 a + 10 = 30 平衡 另一邊也要加 5 克才會平衡 a + 10 + 5 = 30 + 5

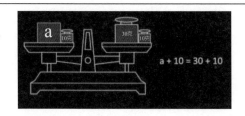

a + 10 = 30 + 10

	記錄操作
	$a + 10 + 5 - 7 = 30 + 5$
	沒有平衡
	另一邊也拿走 7 顆
	$a + 10 + 5 - 15 = 30 + 5 - 15$

在物品的那端，再放上 5 個小白積木，要怎麼記錄呢？天平有平衡嗎？

左邊剩下 a
右邊剩下 20

T：這時該怎麼做，才能平衡呢？
T：把這操作的過程記錄下來，說說看想法。

利用等量公理求出答案
a = 20

在物品那端，拿走 15 個小白積木，要怎麼記錄呢？天平有平衡嗎？

學習單練習配合天平操作

T：該怎麼做，天平才能平衡呢？
T：把這操作過程記錄下來，說說看想法。

這時候在物品那端的天平，剩下什麼呢？另一端剩下什麼呢？天平有平衡嗎？

T：我們利用這種方法，左右同時加或減，找出答案，就是等量公理的加減法。

素養評量：
■了解自我與發展潛能
　　◆挑戰並增加自我的數學能力。
□欣賞表現與創新
■生涯規劃與終身綱要
　　◆具有終身學習所需的數學基本知識。
■表達、溝通與分享
　　◆從數學的觀點推測及說明解答的屬性及合理性。
　　◆與他人分享思考歷程與成果。
■尊重、關懷與團隊合作
　　◆互相幫助解決問題。

> ◆尊重同儕解決數學問題的多元想法。
> □文化學習與國際理解
> □規劃、組織與實踐
> □運用科技與資訊
> □主動探究與研究
> ■獨立思考與解決問題
> 以數、形、量的概念與方法探討並解決問題。

第五節 代數思維與生活經驗

代數思維不僅適用於數學課堂。實際上,在指定的數學課堂之外進行的各種日常生活活動,也可以使學生們獲得重要的經驗,幫助他們了解實際的數學及建立跨知識領域的聯繫。本章借鑒了小學教師在課堂上經過考驗的想法,思考如何將代數思維整合到教師所教的其他學科中。教師將看到他們如何將代數思維帶入生活社交、語言藝術、科學、社會研究,甚至體育領域。

一 社交活動的問題

學校四年級學生籌集經費舉辦秋季旅行,13 位同學計畫參加,他們為這次旅行感到非常興奮,他們擔心準備不夠,可能會忘記一些東西。在旅行前的晚上,他們互相打電話仔細檢查需要帶些什麼。每位同學都需與其他的同學交談一次,將打多少次的電話?如果有 14 位同學計畫參加,可以撥打多少次的電話?15 位朋友?透過旅行的機會,教師可以繪製學習單詢問學生:

您是怎麼得到答案的?嘗試在紙上顯示您的解決方案。

在表中組織數據。您看到數字中的關係嗎?

如果 100 個朋友計畫去,將打多少次的電話?

您如何描述朋友數量和電話總數之間的關係？

貳 學生社會調查的內容

社會研究是社會科學與人文科學相結合的研究，其領域內有許多學科，包括：哲學、法律、宗教、地理學、心理學、歷史、人類學、經濟學、政治學、社會學、考古學。生活當中存在著隨時間變化或可以變化的數量，提供學生代數思維的機會，例如：一個人的襯衫數量、實地考察的學生數量或乘坐公共汽車的數量？例如：轉換貨幣後，比較幾個國家之間的工資、稅收和價格，也可以對不同經緯度的國家進行時間、時差比較。例如：英國和台灣的經度約相差 120°，因此台灣和英國的時差約為 8 個小時。不管學生進行調查或閱讀活動時，教師可以根據學生參與的活動內容先行規劃，提供以下資訊，例如：

是否有可以用作考慮幾何形狀和特性的背景的建築特徵？

是否可以在小組之間找出共享的物件（例如：餅乾或糖果）？

改變小組的人數可以迅速帶來建立模式的機會？

故事書中的角色是否有（不同）數量的某種物品（例如：金錢、糖果）？使已知數量未知是引入代數思維的快速方法。

這本書和相關的早期代數任務可以合併到其他學科中，例如：科學或社會研究嗎？如果是這樣，那麼匯集的好處就會增加。

參 文學與藝術中學習代數思考

文學與藝術作品中甚多表達意境、書感感情的內容，但也有充滿理性和邏輯推理的著作，例如「吟雪詩」：一片二片三四片，五六七八九十片，千片萬片無數片，飛入蘆花總不現。將數字融入情境中，傳達對物件與時間變遷的感受；又如宋朝時代朱淑貞的「斷腸謎」：下樓來，金錢卜落；問蒼天，人在何方？恨王孫，一直去了；嘗冤家，言去不回；悔當初，吾錯失口；有上交；無下交；皂白何需問；分開不用刀；從今莫把仇

人靠；千種相思一撇消！將國字一至十等數字埋藏於詩詞中，經由謎語之解題，了解其心中之惆悵和苦悶。一些文學作品結合了數學推理和情意傳達之意，適合學生作爲代數推理的材料；數學在歷史上時常被引用到建築與藝術，比如：古埃及金字塔、古希臘帕德嫩神廟。另外，一些藝術作品如圖 2-6、2-7 所示，也透過線條、角度、圖形、對稱等數學特徵展現美之感受，也值得學生接觸和代數推理的學習應用。在教師適當引導下，學生可以將數學和文學結合，例如：學生作品「存錢筒」：小明有個存錢筒，裡面錢財好多種，買筆用去四分之一，買書用了八分之三；買紙花了五分之一，最後只剩錢七百；試問小明原有錢多少？觀察生活中的織物、籃子、陶器、牆紙，可以發現它們分別採用了不同的圖案、拼貼和鑲嵌設計。

圖 2-7　高雄捷運美麗島站之彩繪藝術

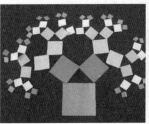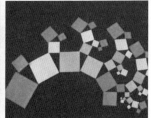

圖 2-8　正方形之碎形圖案

四 體育活動

　　學校裡的體育活動可以促進學生肌力發展、增建體能，甚至於培養數學推理能力；例如：花式跳繩、扯鈴、跳格子、各式球類比賽、游泳、爬山……等活動皆可與速率、比例、樣式一般化、函數思考等議題結合，透過數學思維增進體育活動中力與美的表現。

五 科學觀察活動

　　所有生物都是由細胞組成的，在顯微鏡下觀察洋蔥皮細胞。觀察到細胞看起來像盒子，每個盒子都有一個核。可以設計以下有關洋蔥 A、B 和 C 的訊息：洋蔥 A 的細胞數量未知，洋蔥 B 的細胞比洋蔥 A 的細胞多 9 個，洋蔥 C 的細胞比洋蔥 A 的細胞少 4 個。您如何描述每個洋蔥（A，B，C）的細胞數？使用不等式、數字句子、單詞句子、圖片、表格或圖表，以任何方式表達您的答案。

結語

　　數學是門結合與傳達真善美的學問，要讓學生感受這些真諦，應在小學初始讓其有接觸代數推理的機會，從樣式一般化與函數思維的情境中體驗，了解事務發展的變化和規則，並將這些能力和素養擴展活動中解題與增益福祉，了解學習數學的樂趣和價值。

　　如果你是學校的教師，對於改變教學內容、教學方式及教學地點有所困難，那麼可以與其他老師合作，分享任務構想、學生的思維及教學上的成功和挑戰。學校愈多地參與早期的代數思維，學生的數學經驗就會愈好並且愈緊密。學生們需要早期代數思維的經驗，以便隨著時間的流逝建立複雜的想法。可以透過多種方式將代數思維引入學校。正如其他老師所做的那樣，可能會開始關注整個學校要執行的特定任務、特定的年級、課後計劃、學生指導項目或學校的集體專業發展時間。這裡總結了一些思想

和實踐技巧，其中一些是由教師開發和測試的：與校長或其他合適的人員（例如：數學輔導員、課程專家）討論您要做什麼？他們可以為你的想法提供關鍵支持，如有必要，請尋找可以與您合作的另一位老師，他們不必來自相同的年級。

教育部（2018）。**十二年國民基本教育課程綱要國民中小學暨普通型高級中等學校：數學領域**。台北市：教育部。

陳嘉皇（2010）。國小四年級學生對乘法算則理解之研究。**教育科學研究期刊，55**(2)，207-231。

陳嘉皇（2013）。小六學生運用一般化基模進行圖形規律問題解題之研究。**教育科學研究期刊，58**(1)，59-90。

陳嘉皇（2012a）。應用數學一般化教導學生 3 與 11 數字倍數的辨認。**台灣數學教師電子期刊，32 期**，1-14。

陳嘉皇（2012b）。國小學生數列作業一般化策略運用之研究。**台灣數學教師電子期刊，第 30 期**，1-34。

Carpenter, T. P., Franke, M. L., & Levi, L. (2003). *Thinking mathematically: Integrating arithmetic and algebra in elementary schoo*l. Portsmouth, NH: einemann.

Kaput, J. (1999). Teaching and learning a new algebra. In E. Fennema & T. Romberg (Eds.), *Mathematics classrooms that promote understanding* (pp. 133-155).

Mahwah, NJ: Lawrence Erlbaum Associates.

National Council of Teachers of Mathematics (NCTM) (2000). *Principles and Standards for School Mathematics*. Reston, Va: National Council of Teachers of Mathematics.

Rivera, F. D. (2010). Visual templates in pattern generalization activity. *Educational Studies in Mathematics*, 73, 297-328.

第三章

資料與不確定性

林素微

　　數量化的訊息處處存在，並且以統計方式呈現的訊息愈來愈多，例
如：運用統計資訊來增加廣告、論述或者建議等等的可信度。在現今科
技發達、多元資訊充斥的 e 世紀裡，人們該如何擷取有意義的數字資料，
並運用統計方法加以解讀分析，是這個時代裡應具備的重要能力（教育
部，2003）。因此，能適當地評估數據資料所呈現的證據和宣稱，儼然
已成爲社會公民必備的一項重要技能，而統計素養正是一個能幫助個人
評估宣稱並決定該相信什麼的必要技能（Ben-Zvi & Garfield, 2004），不
只影響了整個社會的政策和個人的決策（Wallman,1993），也促使在資訊
時代的公民能獨立地進行批判性思考並順利運作（Biggeri & Zuliani1999;
Merriman, 2006）。

　　統計素養的發展能幫助個體更有能力去描述、比較和解釋隱含在圖
和表中的統計資訊，以及有能力去評估論述中以統計作爲證據的強度。
Merriman（2006）認爲如果期望學生在未來應具有判斷與評論的能力，今
日即需要發展他們的統計素養。那些不具備語言素養、知識、技能、批
判和統計思維的大學生，將較難成功求職（Pryor，2001; 引自 Merriman,
2006）。學生也需要了解生活中的統計概念、原由和數據基礎的論據，
明白如何以證據爲基礎，有助於公眾及個人的決定。

　　Gal（2002）也指出學生必須具備重要的統計素養技能，方能成爲資
訊社群的一員，統計素養（statistical literacy）可廣泛地視爲人們解釋和
嚴謹計算統計資訊、資料關係或隨機現象的能力；人們去論述或傳遞他們
對統計資訊的看法和意義的理解；以及他們對這些訊息的應用或他們對特
定論述決定是否接受的能力（Gal, 2005）。

　　隨著統計的逐步發展，並且變成了愈獨特的學科，統計教學面臨了
改變的需要。統計的改革趨勢愈來愈著重資料數據，但相對地降低了理
論的比重（Cobb, 1992）。現代的統計教育強調增加學生在眞實數據中的
統計思考和推理能力。不同於以往著重在統計技能、程序和計算，現更
鼓勵增長學生的統計素養（Ben-Zvi & Garfield, 2004; Rossman & Chance,

2002）。Moore（1997）、Ben-Zvi 與 Garfield（2005）指出當前對於統計課程教學改革的諸多建議，例如：包含更多的資料和概念；大量地依賴真正（不僅只是真實）數據資料；強化發展統計素養、推理和思考；可能的話，可以依賴自動化的計算機和繪圖科技工具；嘗試透過講述以外的教學選擇來促進學生積極主動的學習；鼓勵開放的態度，包括能欣賞資料分析、機會、隨機等威力，並且成為對於統計說詞具有批判性的評估者；使用多元的評量方法來理解和記錄學生的學習。亦即，在這樣的改革之下，具有統計素養的人們，其在知識（knowledge elements of statistical literacy）和意向（dispositional elements of statistical literacy）兩大面向的展現，必然有所不同（Gal, 2005）。

然而許多研究調查指出，主流社會的成年人無法思考影響他們生活的重要統計議題（Ben-Zvi & Garfield, 2005）。Pfannkuch 與 Wild（2005）指出，當今的教學方法常著重在技巧的發展而無法強化統計思考的能力。Moore（1990）指出「統計是一個探索的基本方法，一般的思考方式比學科教學中的任何特定技巧都來得重要」（p. 134）。當今對於統計重視，可以從現在中小學數學課程中的統計內容的增加，並將統計教學焦點著重在於協助學生發展資料分析的理解和熟悉感，而不再是教導他們一組瑣碎的技巧和程序。許多國家新近設定的 K-12 統計教學課程計畫目標，均包含發展學生的統計理解、推理、和統計素養。（如澳洲──Australian Education Council, 1991, 1994; 英格蘭──Department for Education and Employment, 1999; 紐西蘭──Ministry of Education, 1992; 美國──National Council of Teachers for Mathematics, 2000; and Project 2061's Benchmarks for Science Literacy, American Association for the Advancement of Science, 1993）。

在教學目標與活動進行方式發生實質改變後，教什麼？怎麼教？往往需要明確的教學指引提供實際的協助。從改寫教育目標到明確具體參考教學示例的累積，這些工作絕不是少數人短時間所可能達成的。本章旨在幫助回答有關發展學生資料與不確定性思維基礎課堂的問題，企圖採取一種

實用的、教師導向的方法提供關心統計教育的相關人士參考。

隨著素養的強調，諸多國家或者大型教育測驗對於統計主題有另外的名稱，例如：OECD 所推動的 PISA 將統計主題稱之為資料分析與不確定性，而台灣教育部（2018）所公布的十二年國民基本教育數學領域課程綱要（在本章中，簡稱為 108 課綱），則將以往課程標準所用的統計主題改稱為資料與不確定性主題，在本章中，將不特別區隔統計、資料與不確定性兩種用語，文中兩種用語將會交叉出現。

第一節　資料與不確定性的教材脈絡

統計是用來處理數據，從數據中獲取資訊的一門科學。「統計」是蒐集、整理、呈現、分析與解釋資料，以從樣本中所得的訊息作推論，進而推測人們想了解的事實（鄭天澤，1995；蔡宗儒，1995）。也就是說，統計所處理的數據不只是單純的數字，而是有內容的數字，所以統計是由數據中找出訊息，並且作成一個非百分之百，仍存有變異的一個結論（鄭惟厚譯，2002）。Garfield 與 Ahlgren（1988）指出統計有三個主題，分別是描述統計、機率理論和推論統計，其中描述統計包含集中量數、變異量數、地位量數、次數分配與統計圖表；機率理論則包含運算規則、獨立與互斥事件、隨機變數、機率分配、二項分配、常態分配、取樣、趨中性定理等；而推論推估參數、考驗假設。

當我們發現社會或自然界的某種現象，想要了解得更清楚，我們會蒐集資料、整理資料、並尋找其中是否有某種組型。但倘若蒐集的資料並不是屬於母體，我們便好奇地想要知道，如果目前的資料回推到母體的狀況會是如何，此時推論統計便有其需求。推論統計涉及了機率的概念，在中小學階段，並沒有真正涉及機率概念，因此，多數都環繞在描述統計的議題為主，僅有國小六年級以不確定性事件發生可能性的探討，涉及了初步

的機率概念。

在本章中，針對資料分析與不確定性兩大主題進行討論與呈現。資料分析的重要內涵除了整理、呈現、分析資料外，還需更進一步地去描述與解釋資料群體的現象。教育部（2018）所公布的十二年國民基本教育數學領域課程綱要（在本章中，簡稱為 108 課綱），將資料與不確定性學習表現的脈絡循序漸進安排如表 3-1。一、二年級時，學生被期待要認識分類的模式，能主動蒐集資料、分類，並做簡單的呈現與說明。三、四年級時，要能報讀與製作一維表格、二維表格與長條圖，報讀折線圖，並據以做簡單推論。五、六年級時要能報讀圓形圖，製作折線圖與圓形圖，並據以做簡單推論，且能從資料或圖表的資料數據，解決關於「可能性」的簡單問題。國中階段，學生要能「理解常用統計圖表，並能運用簡單統計量分析資料的特性及使用統計軟體的資訊表徵，與人溝通；理解機率的意義，能以機率表示不確定性和以樹狀圖分析所有的可能性，並能應用機率到簡單的日常生活情境解決問題。高中階段，則需認識、理解集合的概念、進行集合的運算並以文氏圖作為輔助，進行溝通與推論；能判斷分析數據的時機，能選用適當的統計量進行描述；理解事件的不確定性，理解機率的性質並運算；認識隨機變數，理解其分布概念與參數的意義與算法，並推論和解決問題；能以機率檢核不確定之假設或推論的合理性；理解基本計數原理；以及認識排列與組合的計數模型，理解其運算原理，並能用於溝通和解決問題。

在國小階段，有關資料與不確定性學習內容的規劃不多，表 3-2 呈現的是台灣 64 年版、82 年版、九年一貫、十二年國教四個版本的比較，以利讀者了解有關資料與不確性主題課程在台灣數學教育的演變。此外，由於九年一貫版本較多，在此僅以民國 97 年公布的的 97 課綱作為九年一貫課綱的代表。

⚙ 表 3-1　108 課綱資料與不確定性學習表現

學習階段	編碼	學習表現
一	d-I-1	認識分類的模式，能主動蒐集資料、分類，並做簡單的呈現與說明。
二	d-II-1	報讀與製作一維表格、二維表格與長條圖，報讀折線圖，並據以做簡單推論。
三	d-III-1	報讀圓形圖，製作折線圖與圓形圖，並據以做簡單推論。
三	d-III-2	能從資料或圖表的資料數據，解決關於「可能性」的簡單問題。
四	d-IV-1	理解常用統計圖表，並能運用簡單統計量分析資料的特性及使用統計軟體的資訊表徵，與人溝通。
四	d-IV-2	理解機率的意義，能以機率表示不確定性和以樹狀圖分析所有的可能性，並能應用機率到簡單的日常生活情境解決問題。
五	d-V-1	認識集合，理解並欣賞集合語言的簡潔性，能操作集合的運算，能以文氏圖作為輔助，並能用於溝通與推論。
五	d-V-2	能判斷分析數據的時機，能選用適當的統計量作為描述數據的參數，理解數據分析可能產生的例外，並能處理例外。
五	d-V-3	理解事件的不確定性，並能以機率將之量化。理解機率的性質並能操作其運算，能用以溝通和推論。
五	d-V-4	認識隨機變數，理解其分布概念，理解其參數的意義與算法，並能用以推論和解決問題。
五	d-V-5	能以機率檢核不確定之假設或推論的合理性。
五	d-V-6	理解基本計數原理，能運用策略與原理，窮舉所有狀況。
五	d-V-7	認識排列與組合的計數模型，理解其運算原理，並能用於溝通和解決問題。

⟲ 表 3-2　國小統計教材內容的改變

版本\年級	統計與圖表、機率（64年版）	統計與機率（82年版）	統計（97年版）	資料與不確定性（108年版）
一年級	1. 用記號（如○、×）整理資料 2. 分類與計數	1. 記錄活動的結果 2. 簡化記錄 3. 讀簡易的圖表（不要求規格化的型式，乃經由課堂活動中所形成的圖表）	1. 能對生活中的事件或活動做初步的分類與記錄 2. 能將紀錄以統計表呈現並說明	簡單分類：以操作活動為主。能蒐集、分類、記錄、呈現日常生活物品，報讀、說明已處理好之分類。觀察分類的模式，知道同一組資料可有不同的分類方式。
二年級	1. 用記號表示統計結果	1. 把資料整理成紀錄表 2. 把紀錄表整理成統計圖表 3. 讀統計圖表		分類與呈現：以操作活動為主。能蒐集、分類、記錄、呈現資料、生活物件或幾何形體討論分類之中還可以再分類的情況。
三年級	1. 用畫記整理資料 2. 簡易的長條圖	1. 用畫記將資料整理成統計圖表 2. 畫長條圖 3. 讀長條圖	1. 能報讀生活中常見的表格	一維表格與二維表格：以操作活動為主。報讀、說明與製作生活中的表格二維表格，含列聯表。
四年級	1. 簡易的統計表 2. 簡易的長條圖	1. 讀折線圖 2. 畫折線圖 3. 讀時刻與節目表	1. 能報讀生活中常用的長條圖 2. 能報讀生活中常用的折線圖	報讀長條圖與折線圖以及製作長條圖：報讀與說明生活中的長條圖與折線圖，配合其他領域課程，學習製作長條圖。

版本 年級	統計與圖表、機率 （64 年版）	統計與機率 （82 年版）	統計 （97 年版）	資料與不確定性 （108 年版）
五年級	1. 平均值 2. 百分圖表	1. 在生活情境中，了解平均數和眾數的意義 2. 求平均數和加權平均數		製作折線圖：製作生活中的折線圖。
六年級	1. 統計圖表的設計與運用 2. 機率的初步概念	1. 讀圓形圖、長條百分圖 2. 畫圓形圖、長條百分圖 3. 從遊戲中了解機率的初步概念 (1) 部分與全體關係 (2) 大數法則	1. 能整理生活中的資料，並製成長條圖 2. 能整理生活中的有序資料，並繪製成折線圖 3. 能報讀生活中常用的圓形圖，並能整理生活中的資料，製成圓形圖	1. 圓形圖：報讀、說明與製作生活中的圓形圖。包含以百分率分配之圓形圖（製作時，應提供學生已分成百格的圓形圖。） 2. 解題：可能性。從統計圖表資料，回答可能性問題。機率前置經驗。「很有可能」、「很不可能」、「A 比 B 可能」。

第二節　資料與不確定性的教學

　　有關資料與不確定性的教學，本章將區隔成資料分析以及不確定性兩個主題進行介紹，其中，資料分析以：(1) 含省略符號的長條圖報讀；(2) 統計圖的標題；不確定性將以事件發生的可能性進行介紹，透過這些案例說明如何掌握素養導向的資料分析重點以及概念，以協助教師進行有效教學，促進學生最佳化學習。這些教學示例其特質包含了以大單元領域和小單元議題作為設計主軸，教師可以採取部分內容或依其重點加以選擇應用。

■一　資料分析的教學

（一）設計理念

　　在國小有關資料分析的教材中，因為配合學生在數與量、幾何等主題學習的進度，資料分析的教材複雜度對學生而言，往往不高，從將資料分類和整理、表徵、畫記，都有一定的限制，在教材分配的分量較低的狀況下，教師的教學可能會比較單向而忽略了雙向的溝通，例如：學生可能可以容易地報讀給定統計圖中的數量，但如果要學生依據呈現的數量反過來思考資料的表徵，答對率可能就大幅降低。

　　統計素養的發揮首先須對統計資訊有所「理解」，對於不正確資訊則是能夠提出「批判質疑」，還能就觀察到的訊息與他人進行觀點上的「溝通」（林素微，2013）。因此，在統計圖的報讀時，除了報讀統計圖的標題，縱、橫軸的刻度，以及資料點之外，應有更深層的討論。以下兩個教學單元案例，分別為含省略符號的長條圖報讀以及統計圖的標題。

（二）教學單元案例：含省略符號的長條圖報讀

領域／科目	數學		設計者	
實施年級	四年級		總節數	1 節課
單元名稱	含省略符號的長條圖報讀			
設計依據				
學習重點	學習表現	d-II-1 報讀與製作一維表格、二維表格與長條圖，報讀折線圖，並據以做簡單推論。	核心素養	數-E-A1 具備喜歡數學、對數學世界好奇、有積極主動的學習態度，並能將數學語言運用於日常生活中。 數-E-A2 具備基本的算術操作能力、並能指認基本的形體與相對關係，在日常生活情境中，用數學表述與解決問題。 數-E-A3 能觀察出日常生活問題和數學的關聯，並能嘗試與擬訂解決問題的計畫。在解決問題之後，能轉化數學解答於日常生活的應用。 數-E-B2 具備報讀、製作基本統計圖表之能力。 數-E-C1 具備從證據討論事情，以及和他人有條理溝通的態度。 數-E-C2 樂於與他人合作解決問題並尊重不同的問題解決想法。
	學習內容	D-4-1 報讀長條圖與折線圖以及製作長條圖：報讀與說明生活中的長條圖與折線圖配合其他領域課程，學習製作長條圖。		

議題融入	實質內涵	
	所融入之學習重點	• 環境教育議題 環 E9 覺知氣候變遷會對生活、社會及環境造成衝擊。 • 科技教育議題 科 E9 具備與他人團隊合作的能力。 • 語文 2-3-1 能培養良好的聆聽態度。 3-3-1 能充分表達意見。 3-3-4 能把握說話重點,充分溝通。
與其他領域 / 科目的連結		
教材來源		教科書
教學設備 / 資源		小白板、白板筆

學習目標
1. 認識有省略符號的長條圖和沒有省略符號的長條圖所造成的資料,呈現效果不同。

教學活動設計		
教學活動內容及實施方式	時間	備註
課前準備: 1. 全班可依人數以 3 至 4 人分組,每組皆先指派任務給相對應的人員進行作業。 2. 教師準備呈現相同數據的兩張長條圖,其中一張包含省略符號或者縱軸的刻度不是從 0 開始。 ---------- 本節課開始 ----------- 1. 先複習上一節課學得的省略符號。 T:說說看,我們知道統計圖有了省略符號~以後,有什麼好處? S1:長條不用畫那麼長 S2:比較容易看長條所對應的數量 2. 教師呈現畫有省略符號的長條圖。	1 節	

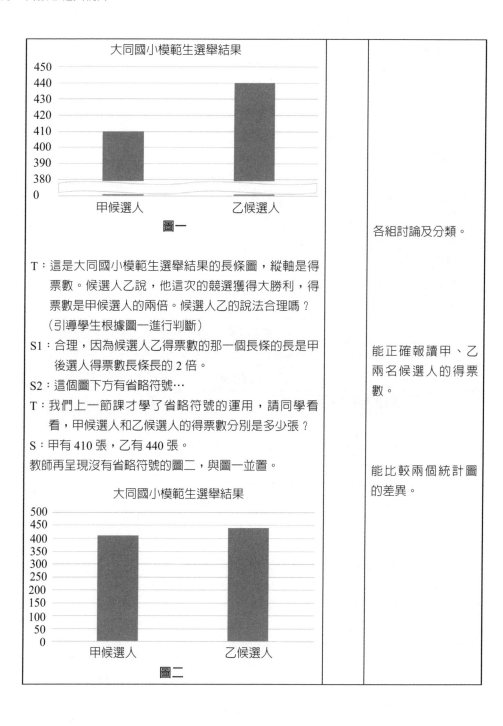

圖一

各組討論及分類。

T：這是大同國小模範生選舉結果的長條圖，縱軸是得
　　票數。候選人乙說，他這次的競選獲得大勝利，得
　　票數是甲候選人的兩倍。候選人乙的說法合理嗎？
　　（引導學生根據圖一進行判斷）

S1：合理，因為候選人乙得票數的那一個長條的長是甲
　　後選人得票數長條長的 2 倍。

S2：這個圖下方有省略符號…

T：我們上一節課才學了省略符號的運用，請同學看
　　看，甲候選人和乙候選人的得票數分別是多少張？

S：甲有 410 張，乙有 440 張。

教師再呈現沒有省略符號的圖二，與圖一並置。

能正確報讀甲、乙
兩名候選人的得票
數。

能比較兩個統計圖
的差異。

圖二

T：這個圖呈現的是和上一個圖相同的資料。為什麼這兩個圖看起來如此不同？ 你認為哪一個比較能代表這些資料？為什麼？ （引導學生根據圖一、二進行判斷） 教師引導學生了解統計圖中的省略符號，讓我們容易看到對應的數字，比較容易報讀。但是也要小心，省略符號的統計圖可能會誤導我們報讀結果。		能認識省略符號的統計圖可能帶來的效果和誤讀的可能。
教師宜再舉例讓學生練習具有省略符號的長條圖，以及可能誤讀的情形。 例如： A 公司指出，在 2019 年底疫情爆發後，該公司的業績呈現不降反升的情況，如下圖。和 2019 年的業績相比，2020 年呈現大幅的成長。 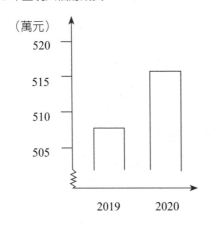 (1) 如果 A 公司的說法是合理的，你認為主要理由為何？ (2) 如果 A 公司的說法是不合理的，你認為主要理由為何？		引導學生理解省略符號的統計圖可能帶來的效果和可能誤讀結果。

素養評量：

利用師生對話的課室話語，引導學生除了報讀長條圖之外，亦能辨識在相同數據下，因應不同目的可以產生不同的表徵狀態的統計圖，因而造成讀者特別的印象。因此，統計圖的報讀必須謹慎，以免被畫圖者所誤導。

■了解自我與發展潛能

　　◆挑戰並增加自我的數學能力。

□欣賞表現與創新

■生涯規劃與終身綱要

　　◆具有終身學習所需的數學基本知識。

■表達、溝通與分享

　　◆從數學的觀點推測及說明解答的屬性及合理性。

　　◆與他人分享思考歷程與成果。

■尊重、關懷與團隊合作

　　◆互相幫助解決問題。

　　◆尊重同儕解決數學問題的多元想法。

□文化學習與國際理解

□規劃、組織與實踐

□運用科技與資訊

□主動探究與研究

■獨立思考與解決問題

以數、形、量的概念與方法探討並解決問題。

（三）教學單元案例：統計圖的標題

領域／科目	數學		設計者	
實施年級	四年級		總節數	1 節課
單元名稱	統計圖的標題			
設計依據				
學習重點	學習表現	d-II-1 報讀與製作一維表格、二維表格與長條圖，報讀折線圖，並據以做簡單推論。	核心素養	數-E-A1 具備喜歡數學、對數學世界好奇、有積極主動的學習態度，並能將數學語言運用於日常生活中。
	學習內容	D-4-1 報讀長條圖與折線圖以及製作長條圖：報讀與說明生活中的長條圖與折線圖配合其		數-E-A2 具備基本的算術操作能力、並能指認基本的形體與相對

		他領域課程，學習製作長條圖。		關係，在日常生活情境中，用數學表述與解決問題。 數-E-A3 能觀察出日常生活問題和數學的關聯，並能嘗試與擬訂解決問題的計畫。在解決問題之後，能轉化數學解答於日常生活的應用。 數-E-B2 具備報讀、製作基本統計圖表之能力。 數-E-C1 具備從證據討論事情，以及和他人有條理溝通的態度。 數-E-C2 樂於與他人合作解決問題並尊重不同的問題解決想法。
議題融入	實質內涵			
	所融入之學習重點	• 環境教育議題 環 E9 覺知氣候變遷會對生活、社會及環境造成衝擊。 • 科技教育議題 科 E9 具備與他人團隊合作的能力。 • 語文 2-3-1 能培養良好的聆聽態度。 3-3-1 能充分表達意見。 3-3-4 能把握說話重點，充分溝通。		
與其他領域／科目的連結				
教材來源		教科書		
教學設備／資源		小白板、白板筆		

學習目標
1. 能依據長條圖的縱軸、橫軸、及長條數的相關訊息，判斷適切的長條圖標題。
2. 能依據折線圖的縱軸、橫軸、及資料點的相關訊息，判斷適切的折線圖標題。

教學活動設計		
教學活動內容及實施方式	**時間**	**備註**
課前準備： 1. 全班可依人數以 3 至 4 人分組，每組皆先指派任務給相對應的人員進行作業。 2. 教師準備呈現沒有標題的長條圖和折線圖。並針對這兩個圖形分別呈現數個可能的標題。 ----------- 本節課開始 ----------- 1. 教師呈現以畫有省略符號的長條圖，圖中沒有標題，且橫軸沒有任何標示。 T：這張長條圖缺少橫軸名稱及標題，請問下列何者可能是這張統計圖的標題？ 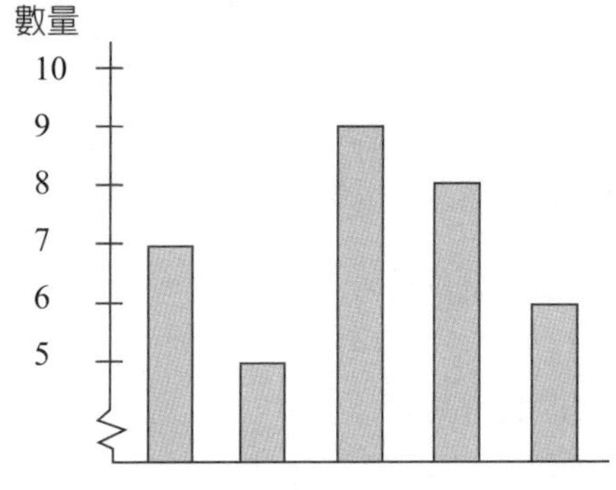	1 節	各組討論。
數量 10 9 8 7 6 5 (A) 四年甲班某週一至週五走路上學的學生人數統計圖 (B) 五個縣市的流浪狗數量統計圖 (C) 大大國小三位模範生候選人所得票數統計圖 (D) 樂樂國小十個社團的學生人數統計圖 教師引導學生討論，討論重點應包含已能掌握圖中有 5 個資料類別（長條數），以及縱軸中的數量僅在 10 以內，從中判斷合理的標題。		能正確回答 (A)。 能依據長條圖中長條數判斷資料的類別，並依據縱軸呈現的數據判斷合理的情境數量，進而正確找出符合長條圖的標題。

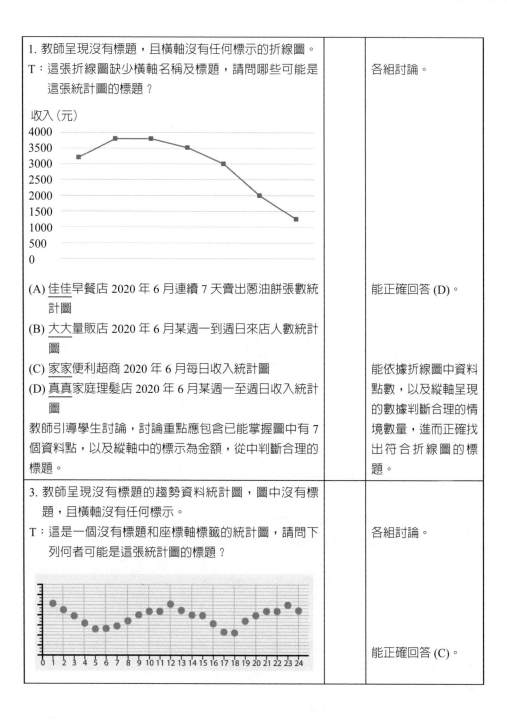

1. 教師呈現沒有標題，且橫軸沒有任何標示的折線圖。 T：這張折線圖缺少橫軸名稱及標題，請問哪些可能是 　　這張統計圖的標題？	各組討論。
(A) 佳佳早餐店 2020 年 6 月連續 7 天賣出蔥油餅張數統 　　計圖	能正確回答 (D)。
(B) 大大量販店 2020 年 6 月某週一到週日來店人數統計 　　圖	
(C) 家家便利超商 2020 年 6 月每日收入統計圖 (D) 真真家庭理髮店 2020 年 6 月某週一至週日收入統計 　　圖 教師引導學生討論，討論重點應包含已能掌握圖中有 7 個資料點，以及縱軸中的標示為金額，從中判斷合理的 標題。	能依據折線圖中資料 點數，以及縱軸呈現 的數據判斷合理的情 境數量，進而正確找 出符合折線圖的標 題。
3. 教師呈現沒有標題的趨勢資料統計圖，圖中沒有標 　　題，且橫軸沒有任何標示。 T：這是一個沒有標題和座標軸標籤的統計圖，請問下 　　列何者可能是這張統計圖的標題？	各組討論。
	能正確回答 (C)。

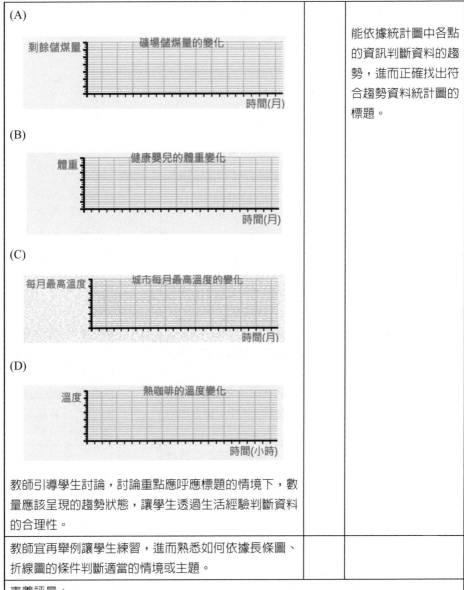

(A) 礦場儲煤量的變化 — 剩餘儲煤量 / 時間(月) (B) 健康嬰兒的體重變化 — 體重 / 時間(月) (C) 城市每月最高溫度的變化 — 每月最高溫度 / 時間(月) (D) 熱咖啡的溫度變化 — 溫度 / 時間(小時)		能依據統計圖中各點的資訊判斷資料的趨勢，進而正確找出符合趨勢資料統計圖的標題。
教師引導學生討論，討論重點應呼應標題的情境下，數量應該呈現的趨勢狀態，讓學生透過生活經驗判斷資料的合理性。		
教師宜再舉例讓學生練習，進而熟悉如何依據長條圖、折線圖的條件判斷適當的情境或主題。		
素養評量： 利用師生對話的課室話語，引導學生除了報讀長條圖和折線圖之外，亦能針對辨識統計圖所呈現的資料狀態，判斷符合的統計主題。 ■了解自我與發展潛能 　　◆挑戰並增加自我的數學能力。		

□欣賞表現與創新
■生涯規劃與終身綱要
　　◆具有終身學習所需的數學基本知識。
■表達、溝通與分享
　　◆從數學的觀點推測及說明解答的屬性及合理性。
　　◆與他人分享思考歷程與成果。
■尊重、關懷與團隊合作
　　◆互相幫助解決問題。
　　◆尊重同儕解決數學問題的多元想法。
□文化學習與國際理解
□規劃、組織與實踐
□運用科技與資訊
□主動探究與研究
■獨立思考與解決問題
以數、形、量的概念與方法探討並解決問題。

二 不確定性的教學實踐

（一）設計理念

但課綱中，涉及到不確定性的教學主要為 D-6-2。主要是希望學生能從統計圖表資料，回答可能性問題。，此為機率前置經驗。要學生判斷「很有可能」、「很不可能」、「A比B可能」。本條目並古典機率教學（D-9-3），而是機率前置經驗的學習，希望透過此條目促進學生對機率學習的效率。

在數學領域課程手冊中以「六年級 200 人參加期末抽獎，設頭獎 1 名、二獎 2 名、三獎 3 名，其他都是參加獎。」為例，透過表格、長條圖或圓形圖表示得獎的人數分布如下：

獎別	頭獎	二獎	三獎	參加獎
人數	1	2	3	194

　　透過問題逐步釐清不確定事件，例如：你覺得某某人會抽到參加獎的可能是非常有可能？非常不可能？透過此類問題釐清「很有可能」和「很不可能」；你一定不會抽到頭獎嗎？透過此類問題釐清「很不可能」和「一定不能」、「很可能」和「一定能」；再請學生確切回答，你覺得抽到參加獎的可能性是很有可能、一定能、很不可能、還是一定不能？。抽到參加獎的可能性是比抽到頭獎大？還是比抽到頭獎小（或者說更可能抽到參加獎？還是更不可能抽到參加獎？）那抽到二獎獎的可能性是比抽到參加獎大？還是比抽到參加獎小？。

　　接著，再和學生討論，「抽到參加獎的可能性比抽到頭獎大」（或「更可能抽到參加獎」）表示「一定會抽到參加獎」嗎？「抽到二獎的可能性比抽到參加獎小」（或「更不可能抽到二獎」），表示「一定不會抽到二獎」嗎？透過逐一的提問，釐清學生對於不確定事件的可能性判斷。

　　Pfannkuch 與 Wild（2005）指出，當今的教學方法常著重在技巧的發展而無法強化統計思維的能力。為了強化學生的統計素養、推理和思考，機率的教學應該在正式古典機率教學之前，強化學生對於真實事件中發生可能性和機率事件的連結。因此，針對 D-6-2，本章提出應該透過真實不確定性事件可能性的判斷，讓學生在資料分析技能學習前，建立可能性大小處理的意義化。進而培養學生資料與不確定性的統計素養，呼應 Moore（1990）所強調的「統計是一個探索的基本方法，一般的思考方式比學科教學中的任何特定技巧都來得重要（p. 134）」，我們可以運用生活經驗來了解可能性或者機會，讓學生在面對不確定的情況時，可以用可能性的大小來協助作決定，作為機率概念學習的先備經驗。針對不確定性素養的教學實踐，以下是本章建議的教學案例。

（二）教學單元案例

領域／科目	數學	設計者	
實施年級	六年級	總節數	1 節課
單元名稱	可能性		
設計依據			
學習重點	學習表現	d-III-2 能從資料或圖表的資料數據，解決關於「可能性」的簡單問題。	數-E-A1 具備喜歡數學、對數學世界好奇、有積極主動的學習態度，並能將數學語言運用於日常生活中。
	學習內容	D-6-2 解題：可能性。從統計圖表資料，回答可能性問題。機率前置經驗。「很有可能」、「很不可能」、「A比B可能」。	數-E-A2 具備基本的算術操作能力、並能指認基本的形體與相對關係，在日常生活情境中，用數學表述與解決問題。 數-E-A3 能觀察出日常生活問題和數學的關聯，並能嘗試與擬訂解決問題的計畫。在解決問題之後，能轉化數學解答於日常生活的應用。 數-E-B2 具備報讀、製作基本統計圖表之能力。 數-E-C1 具備從證據討論事情，以及和他人有條理溝通的態度。 數-E-C2 樂於與他人合作解決問題並尊重不同的問題解決想法。
		核心素養	

議題融入	實質內涵	
	所融入之學習重點	• 環境教育議題 環 E9 覺知氣候變遷會對生活、社會及環境造成衝擊。 • 科技教育議題 科 E9 具備與他人團隊合作的能力。 • 語文 2-3-1 能培養良好的聆聽態度。 3-3-1 能充分表達意見。 3-3-4 能把握說話重點，充分溝通。
與其他領域 / 科目的連結		
教材來源		教科書
教學設備 / 資源		小白板、白板筆
學習目標		
1. 從生活情境中認識可能性的意義。		
教學活動設計		

教學活動內容及實施方式	時間	備註
課前準備： 1. 全班可依人數以 3 至 4 人分組，每組皆先指派任務給相對應的人員進行作業。 2. 教師準備 6 種情形的問題板或 PPT，並準備「一定會發生」、「一定不會發生」、「可能會發生」三種答案卡。 ---------- 本節課開始 ---------- 1. 教師呈現以下 6 種情境描述： (1) 明天太陽會從東邊升起。 (2) 星期五太陽會從北方落下。 (3) 不小心把玻璃杯從桌上掉到水泥地，杯子會破。 (4) 下回統一發票開獎時，爸媽會中獎。 (5) 下課鈴響後，第 8 個從教室前門走過的會是女生。	1 節	教師依據所準備 6 種情形的問題板或 PPT，並準備「一定會發生」、「一定不會發生」、「可能會發生」3 種答案卡，依序討論此 6 種情形。

(6) 因為地球的暖化，海水一直上升，威尼斯會被海水淹沒。		
教師請同學判斷這 6 種情形發生的可能性有多大，將其歸類至「一定會發生」、「一定不會發生」、「可能會發生」3 種情形。		
各組分類後，教師逐一針對各情境描述檢視各組的答題。		各組討論及分類。
T：說說看，「明天太陽會從東邊出來」這種情形「一定會發生」、「一定不會發生」、還是「可能會發生」？說說看，你怎麼知道的？ （引導學生根據以往經驗中，該事件的發生頻率來判斷未來發生的可能性。）		
S：一定會發生，因為以前太陽都是從東邊升起，以後也一樣會從東邊升起。		能說出「一定會發生」及理由。
T：說說看，「星期五太陽會從北方落下」這種情形「一定會發生」、「一定不會發生」、還是「可能會發生」？說說看，你怎麼知道的？ （引導學生根據以往經驗中，該事件的發生頻率來判斷未來發生的可能性。）		
S：一定不會發生，因為以前太陽都是從西方落下，以後也一樣會從西方落下，所以一定不會從北方落下。		能說出「一定不會發生」及理由。
T：說說看，「不小心把玻璃杯從桌上掉到水泥地，杯子會破。」這種情形「一定會發生」、「一定不會發生」、還是「可能會發生」？說說看，你怎麼知道的？ （引導學生根據以往經驗中，該事件的發生頻率來判斷未來發生的可能性。） S：一定會發生，因為我曾經不小心讓玻璃杯從桌上掉到地上，結果玻璃杯破了。 S：有可能會發生，因為我有幾次不小心讓玻璃杯從桌上掉到地上的經驗，常常玻璃杯都破了，但有一次卻沒有破。		能說出「一定會發生」或者「可能會發生」及理由。 能指出玻璃杯掉到水泥地上，破掉的可能性比沒有破掉的可能性大很多。

T：說說看，玻璃杯掉到水泥地上破掉的可能性大，還是沒有破掉的可能性大？大一點點，還是大很多？ （教師引導學生能以「發生的可能性比不發生的可能性大很多」來描述此類不確定性事件）		
T：說說看，「下回統一發票開獎時，爸媽會中獎。」這種情形「一定會發生」、「一定不會發生」、還是「可能會發生」？說說看，你怎麼知道的？ （引導學生根據以往經驗中，該事件的發生頻率來判斷未來發生的可能性。）		
S：可能會發生，因為爸媽發票對獎時，有些會中，有時不會中。		能說出「一定會發生」或者「可能會發生」及理由。
T：說說看，統一發票中獎的可能性大，還是沒有中獎的可能性大？大一點點，還是大很多？ （教師引導學生能以「發生的可能性比不發生的可能性小很多」來描述此類不確定性事件）		能指出統一發票對獎，中獎的可能性比沒有中獎的可能性小很多。
T：說說看，「下課鈴響後，第 8 個從教室前門走過的會是女生。」這種情形「一定會發生」、「一定不會發生」、還是「可能會發生」？說說看，你怎麼知道的？ （引導學生根據以往經驗中，該事件的發生頻率來判斷未來發生的可能性。）		
S：可能會發生，因為經過的人不是男生就是女生，所以有可能會是女生。		能說出「可能會發生」及理由。
S：可能會發生，因為經過的人不是男生就是女生，但是因為男生比較喜歡到教室外面玩，所以有男生的可能性比較大。		
T：說說看，你認為下課鈴響後，第 8 個從教室前門走過的會是男生的可能性比較大，還是女生的可能性比較大？大一點點，還是大很多？		能指出男生和女生的可能性大，只大一點點或兩種的可能性差不多。

（教師引導學生體會「發生的可能性比不發生的可能性可能無法比較」的來描述此類不確定性事件）		
T：說說看，「因為地球的暖化，海平面一直上升，威尼斯會被海水淹沒。」這種情形「一定會發生」、「一定不會發生」、還是「可能會發生」？說說看，你怎麼知道的？		
（引導學生根據以往經驗中，該事件的發生頻率來判斷未來發生的可能性。）		
S：可能會發生，如果我們再不處理地球暖化的問題，南北極的冰山都融化了，海水會上升，較低的陸地就會被淹沒，那威尼斯可能也會被淹沒。	能說出「可能會發生」及理由。	
T：說說看，你認為威尼斯被海水淹沒的可能性大，還是沒有被淹沒的可能性大？大一點點，還是大很多？		
（教師引導學生體會「發生的可能性比不發生的可能性可能無法比較」的來描述此類不確定性事件）	能指出威尼斯被海水淹沒的可能性大小無法確定。	
教師針對上述 3-6 的情境，引導學生認識生活中的不確定性事件，有些事件可以判斷發生的可能性大小，有些則可能無法判斷。	引導學生認識生活中的不確定性事件。	
T：「明天早上會下雨。」發生的可能性有多大？為什麼？	引導學生舉例並判斷生活中的不確定性事件發生的可能性大小。	
（教師引導學生依據最近的天氣狀況來指出明天早上下雨發生的可能性有多大，並進而針對不同季節的經驗來判斷此問題的答案）		
T：想想看，生活中還有哪些不確定性的事件？舉例說明，並說說他們發生的可能性有多大。		

素養評量：

利用師生對話的課室話語，引導學生辨識生活中，確定事件與不確定性事件，以及不確定性事件發生的可能性大小。教師可以情境五為案例進行實驗，教師可帶領學生記錄一天中各下課時數，經過教室前門的第 8 個人的性別。

■了解自我與發展潛能
　　◆挑戰並增加自我的數學能力。
□欣賞表現與創新
■生涯規劃與終身綱要
　　◆具有終身學習所需的數學基本知識。
■表達、溝通與分享
　　◆從數學的觀點推測及說明解答的屬性及合理性。
　　◆與他人分享思考歷程與成果。
■尊重、關懷與團隊合作
　　◆互相幫助解決問題。
　　◆尊重同儕解決數學問題的多元想法。
□文化學習與國際理解
□規劃、組織與實踐
□運用科技與資訊
□主動探究與研究
■獨立思考與解決問題
以數、形、量的概念與方法探討並解決問題。

第三節　結語

　　面臨全球化、資訊科技數位化和人才需求多樣化的趨勢，二十一世紀是重視素養和人力資源開發的競爭時代。生活中常常看到很多資料與不確定性的相關統計圖、表或者統計資訊，例如：氣象、經濟、醫藥和運動，人們該如何擷取有意義的數字資料，並運用統計方法加以解讀分析，是這個時代裡應具備的重要能力（教育部，2003）。根據教育部（2013）提升國民素養實施數學方案——數學素養研究計畫結案報告，資料與不確定性即為數學四大素養之一，報告中的敘述亦提及「……人們在隨機的世界中，經常面臨抉擇，或需對現況或未來進行推測與預測。充分了解不確定性，以及具備基本的處理數據與風險評估的能力，應該構成數學素養的

一部分。」教育部十二年國民基本教育課程綱要三面九項之溝通互動面向中之科技資訊與媒體素養其說明——具備善用科技、資訊與各類媒體之能力，培養相關倫理及媒體識讀的素養，俾能分析、思辨、批判人與科技、資訊及媒體之關係。在國小階段「具備報讀、製作基本統計圖表之能力。」（國家教育研究院，2017），內容強調要培養學生批判性多元思考、溝通協調、價值判斷能力、問題分析及解決能力等核心能力，這部分其實與培養統計素養的目的不謀而合。

現今我們關注的全球暖化與溫室效應、人口成長、海洋資源、或者逐漸落寞的農村等相關議題都與資料和不確定性有關，而這些議題可能不是出現在數學領域教材之中，而是社會、科學、公民等其他學習領域之中。換句話說，資料與不確定的教學不僅適用於數學課堂，實際上，在數學課堂之外的各種日常生活或者其他學科活動也常有資料與不確定性的案例，因此教師若能強化學生資料與不確定性的生活體驗與教學的聯繫，將可使學生們的學習有更深化的機會，激發出學生的學習動機。

參考文獻

李國偉、黃文璋、楊德清、劉柏宏（2013）**教育部提升國民素養實施方案——數學素養研究計劃結案報告**。教育部提升國民素養專案辦公室　研究計劃成果報告。

林素微（2013）。**統計素養的批判思維評量建構探討**。（行政院國家科學委員會專題研究計畫成果報告編號 NSC 101-2511-S-024-005-）

教育部（2003）。**國民中小學九年一貫課程綱要數學學習領域**。台北：教育部。

教育部（2018）。**十二年國民基本教育課程綱要——國民中小學暨普通型高級中等學校數學學習領域**。台北市：教育部。

鄭天澤（1995）。統計在生活上的應用。**社教資料雜誌**，202，1-3。

鄭惟厚（譯）（2002）。Moore, D. S. 著。**統計學的世界**。台北：天下。（原著

出版年：2001 年五版）。

American Association for the Advancement of Science (Project 2061) (1993). *Benchmarks for science literacy*. New York: Oxford University Press.

Australian Education Council (1991). *A national statement on mathematics for Australian schools*. Carlton, Vic.: Author.

Australian Education Council (1994). *Mathematics—a curriculum profile for Australian schools*. Carlton, Vic.: Curriculum Corporation.

Ben-Zvi, D. & Garfield., J. (2005) Statistical literacy, reasoning and thinking: Goals, definitions, and challenges, in *The Challenge of Developing Statistical Literacy, Reasoning and Thinking*, (D. Ben-Zvi and J. Garfield Eds.), Kluwer Academic Publishers, Dordrecht, The Netherlands, pp. 3-16.

Biggeri, L & Zuliani, A. (1999). The Dissemination of statistical literacy among citizens and public administration directors. Paper presented at the *International Statistical Institute 52nd Session*, Helsinki, Finland. Retrieved December 9, 2010, from http://www.stat.auckland.ac.nz/~iase/publications.php?show=5

Cobb, G. (1992). Teaching statistics. In L. A. Steen (Ed.), *Heeding the call for change: Suggestions for curricular action* (Notes: vol. 22, 3–43). Washington, DC: Mathematical Association of America.

Department for Education and Employment (1999). *Mathematics: The national curriculum for England*. London: Author and Qualifications and Curriculum Authority.

Gal, I. (2002). Adult's Statistical Literacy: Meanings, Components, and Thinking, Reasoning, and Literacy (STRL-1).Responsibilities. *International Statistical Review*, *70*(1), pp. 1-25.

Gal, I. (2005). Towards 'probability literacy' for all citizens. In G. Jones (ed.), *Exploring probability in school: Challenges for teaching and learning* (pp. 43-71). Kluwer Academic Publishers.

Garfield, J., & Ahlgren, A. (1988). Difficulties in learning basic concepts in statistics: implications for research, *Journal for Research in Mathematics Education*, 19, pp. 44-63.

Merriman, L. (2006). Using media reports to develop statistical literacy in year 10 students. Retrieved March 10, 2010, from http://www.ime.usp.br/~abe/ICOTS7/Proceedings/PDFs/InvitedPapers/8A3_MERR.pdf

Ministry of Education (1992). *Mathematics in the New Zealand curriculum*. Wellington, NZ: Author.

Moore, D. S. (1990). Uncertainty. In L. A. Steen (Ed.), *On the shoulders of giants: New Approaches to numeracy* (pp. 95-137). Washington, DC: National Academy Press.

Moore, D. S. (1997). Statistics among the liberal arts. *Journal of the American Statistical Association*, 93(444), pp. 1253-1259.

National Council of Teacher of Mathematics (2000). *Principals and Standards for School Mathematics*. Reston, VA:NCTM.

Pfannkuch, M. & Wild, C. (2005). Towards an understanding of statistical thinking, in *The Challenge of Developing Statistical Literacy, Reasoning and Thinking*, (eds D. Ben-Zvi and J. Garfield), Kluwer Academic Publishers, Dordrecht, The Netherlands, pp. 17-46.

Rossman, A. & Chance, B. (2002). A data-oriented, active learning, post-calculus introduction to statistical concepts, methods and theory, in *Proceedings of the Sixth International Conference on Teaching Statistics, Cape Town*, (ed. B. Phillips) International Statistical Institute, Voorburg, the Netherlands. http://www.stat.auckland.ac.nz/~iase/publications/1/3i2_ross.pdf

Wallman, K. K. (1993).Enhancing statistical literacy: Enriching our society. *Journal of the American Statistical Association, 88*(421), pp. 1-8.

國家圖書館出版品預行編目資料

素養導向之國小數學領域教材教法：幾何、
代數思維與統計／林素微，許慧玉，陳嘉
皇，張淑怡，鄭英豪，謝闉如著. -- 初版.
-- 臺北市：五南圖書出版股份有限公司，
2021.09
　　面；　公分
　ISBN 978-626-317-032-2（平裝）

1.數學教育　2.教學法　3.小學教學

523.32　　　　　　　　　110012473

114Q

素養導向之國小數學領域教材
教法：幾何、代數思維與統計

主　　　編 ― 陳嘉皇（260.8）

作　　　者 ― 林素微、許慧玉、陳嘉皇、張淑怡、鄭英豪、
　　　　　 ― 謝闉如

發 行 人 ― 楊榮川

總 經 理 ― 楊士清

總 編 輯 ― 楊秀麗

副總編輯 ― 黃文瓊

責任編輯 ― 李敏華

封面設計 ― 姚孝慈

出 版 者 ― 五南圖書出版股份有限公司

地　　　址：106台北市大安區和平東路二段339號4樓

電　　　話：(02)2705-5066　　傳　　真：(02)2706-6100

網　　　址：https://www.wunan.com.tw

電子郵件：wunan@wunan.com.tw

劃撥帳號：01068953

戶　　　名：五南圖書出版股份有限公司

法律顧問　林勝安律師事務所　林勝安律師

出版日期　2021年 9 月初版一刷

定　　　價　新臺幣250元

經典永恆・名著常在

五十週年的獻禮——經典名著文庫

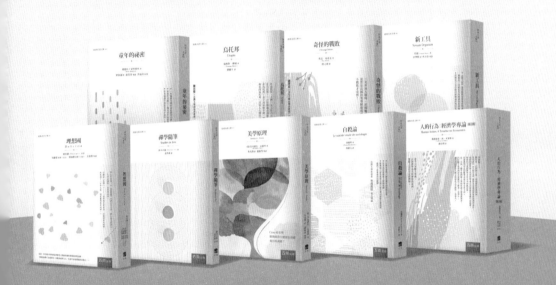

五南，五十年了，半個世紀，人生旅程的一大半，走過來了。

思索著，邁向百年的未來歷程，能為知識界、文化學術界作些什麼？

在速食文化的生態下，有什麼值得讓人雋永品味的？

歷代經典・當今名著，經過時間的洗禮，千錘百鍊，流傳至今，光芒耀人；

不僅使我們能領悟前人的智慧，同時也增深加廣我們思考的深度與視野。

我們決心投入巨資，有計畫的系統梳選，成立「經典名著文庫」，

希望收入古今中外思想性的、充滿睿智與獨見的經典、名著。

這是一項理想性的、永續性的巨大出版工程。

不在意讀者的眾寡，只考慮它的學術價值，力求完整展現先哲思想的軌跡；

為知識界開啟一片智慧之窗，營造一座百花綻放的世界文明公園，

任君遨遊、取菁吸蜜、嘉惠學子！